文学里的村庄

WENXUELI DE CUNZHUANG

湖南日报社◎编著

CNS PUBLISHING & MEDIA 中南出版传媒
湖南电子音像出版社
Hunan Electronic And Audio-visual Publishing House
·长沙

注：本书成稿于 2023 年 10 月

目录

CONTENTS

第一篇 穿行在鲁迅的『故园』/001

第二篇 满城尽是红高粱 /023

第三篇 文韵悠悠，清溪奔涌 /045

第四篇 红旗渠，你慢些流 /069

第五篇 追寻平凡里的那束光 /091

第六篇 贾家庄，故事蓬勃生长 /113

第七篇 秦岭『边城』醉秦腔 /135

第八篇 山南水北赋归来 /157

第九篇 漫水流淌望家山 /179

第十篇 『边城』山水 百年诗情 /201

附 录 回望『文学里的村庄』/225

访文学原乡，写时代巨变 /234

一次现代新媒体的叙事创新 /239

扫码观看
系列视频

文学里的村庄

穿行在鲁迅的「故园」

满城尽是红高粱

文学里的村庄
湖南日报
文韵悠悠 清溪奔涌

文学里的村庄
贾家庄，故事蓬勃生长

文学里的村庄
湖南日报
红旗渠，你慢些流

文学里的村庄
追寻平凡里的那束光

文学里的村庄
湖南日报
秦岭“边城”醉秦腔

文学里的村庄
山南水北赋归来

文学里的村庄
湖南日报
漫水流淌望家山

文学里的村庄
「边城」山水 百年诗情

第一篇

穿行在鲁迅的『故园』

◎杨又华　龙文泱　刘瀚潞

扫码看本集视频

紹興大

浙江绍兴鲁镇，鲁镇风景区。 邹尚奇 摄

【文学原乡】

时候既然是深冬；渐近故乡时，天气又阴晦了，冷风吹进船舱中，呜呜的响，从篷隙向外一望，苍黄的天底下，远近横着几个萧索的荒村，没有一些活气。我的心禁不住悲凉起来了。

阿！这不是我二十年来时时记得的故乡？

——摘自鲁迅小说《故乡》

旧历的年底毕竟最像年底，村镇上不必说，就在天空中也显出将到新年的气象来。灰白色的沉重的晚云中间时时发出闪光，接着一声钝响，是送灶的爆竹；近处燃放的可就更强烈了，震耳的大音还没有息，空气里已经散满了幽微的火药香。我是正在这一夜回到我的故乡鲁镇的。

——摘自鲁迅小说《祝福》

船工摇动木桨，搅碎了水面少年青涩的面庞与天空。1898年春天，17 岁的周樟寿从绍兴城的周家新台门出发，乘船前往南京的江南水师学堂求学。他戴着瓜皮帽，留着长辫，目光沉郁而坚毅。他怀揣母亲好不容易筹措到的八元川资，要逃离萧瑟、阴冷、压抑的故乡，到外面的世界去寻一个出路。

多年后，樟寿的长辫早已变成如剑似戟的短发，上唇也有了浓黑如墨的胡须。他以另一个响亮的名字为世人所熟知：鲁迅。

鲁迅是带着决绝的心情离开故乡的，然而那一方水土却成了他文学创作的不竭源泉和厚土。时间犹如酵母，多年以后，他青少年时代所经见的故乡的种种景象、故事和人情况味，被他淬炼成了浓酽如酒的文字，变成了一个个不朽的篇章：《从百草园到三味书屋》《祝福》《故乡》《孔乙己》《阿Q正传》……中国现代乡土文学也正式从他的笔底发端。

历经百年沧桑，鲁迅笔下的鲁镇、未庄变得怎么样了？“镇上”和“村里”的人们还好么？盛夏时节，我们带着一种文学爱好者朝圣般的心情，从湖南长沙来到了浙江绍兴。

浙江绍兴鲁镇，三味书屋。邹尚奇 摄

摇啊摇，摇到外婆桥

名人故居游人纷至是寻常景象，一年迎客好几万的名人外婆家却令人称奇。一篇《社戏》，让鲁迅的“外婆家”成了知名景点。

煮熟的罗汉豆香味飘散在夜气中，不远处的戏台上唱着热热闹闹的社戏，宽阔的河面漂着乌篷船白篷船……小说《社戏》

中，迅哥儿外婆家所在的村子叫平桥村。它的原型，是绍兴市越城区孙端街道的安桥头村。

鲁迅的家人曾抱怨绍兴的夏天太潮湿，连大人也要长上一身的痱子，且蚊子众多。但我们想，鲁迅是爱安桥头的夏天的。

每年夏天，少年鲁迅会跟母亲到外婆家消夏，和乡间的小伙伴一起掘蚯蚓、钓虾、放牛，去赵庄看社戏。外婆家以及他常去走动的附近的村庄，为少年鲁迅打开了一个广大的天地。他见识了不同的风景，认识了底层社会形形色色的人们，了解了绍兴地方丰富多彩的民风民俗，这为他以后的创作积累了丰厚的素材。而在外婆家结识的那群天真烂漫的少年和朴实憨厚的农民，成了小说《社戏》的重要角色。“临河的小村庄”里的外婆家的生活，以一抹难得的亮色融进了他的作品。

在少年鲁迅眼里，外婆家极偏僻。那时，绍兴水网密布，人们出门必走水路。少年鲁迅从城中坐乌篷船去外婆家，需 5 个多小时。现在，搭乘鲁迅故里至鲁迅外婆家的公交专线，只要 1 个多小时，驾车则只需半个多小时。

浙江绍兴鲁镇，鲁迅外婆家所在地。邹尚奇 摄

一条水平如镜的小河，笔直、明亮，映着蓝天与绿树，来去似乎都没有尽头。河中卧着一座石砌平桥，不知是否是小说里平桥村名称的由来？桥旁就是朝北台门——鲁迅外婆家。北宋末年，金兵南侵，在乱世中逃难的鲁、丁两家相扶相惜，在此安家，开枝散叶。

黑瓦、白墙、深棕门窗，两进三开间的朝北台门模样朴素。但外墙底三层石板垒成的“三板石萧墙”，彰显着这是一户官宦人家。鲁迅的外曾祖父鲁思卿是清嘉庆年间的进士，外祖父鲁希曾则考中举人，他俩都曾做过京官。

如今，朝北台门已成为浙江省打造的乡村博物馆之一，向世人展现鲁迅作品中绍兴的风土人情和令他回味的快乐童年。会客厅里的大屏幕上，演着小说《祝福》里的年终大典；墙上、案头的小喇叭，用绍兴话讲着鲁迅儿时听的故事；餐桌上，摆满了少年鲁迅常吃的酿面筋、津菜鱼松、慈姑腊肉等“菜肴”。

因为鲁迅和他的文字，在众多江南村庄中，安桥头村闪动着令人愉悦的明朗，散发着浓浓的文学与艺术味道，让外来的人们生出许多幽思与遐想。

“绍兴人对鲁迅的情感是刻在骨子里的。”袍江交警大队孙端中队的马菊芳是土生土长的绍兴人。她说，自己的二女儿在读幼儿园，老师常带孩子们到鲁迅故居、鲁迅外婆家等景点参观游览，讲述鲁迅的故事。

结合浙江省的“千万工程”（千村示范、万村整治），安桥头深挖“鲁迅外婆家”文化内涵，整修、建造了朝北台门、梦回平桥公园、“弶与小鸟雀”竹弶广场、鲁迅小说故事群雕等文旅景点、设施，迅哥儿菜园、江苏大众书局等品牌入驻；清华大学乡村振兴工作站落户在此。渐渐地，村里的游客多了，外来人口多了。安桥头村党总支书记宣明德说，村里目前有纺织、文教、机械等各类工厂 17 家，店面 30 家，民宿 2 家。2022 年，村集体收入达 120 万元。

村民的文化生活也丰富起来。从前的很多年里，他们忙着耕种、捕鱼以维持生计，几乎家家户户都酿黄酒补贴家用。现在，电视、电脑、智能手机早已走入他们的生活。祝福广场的戏台上，演员村民同乐。除了寒冬和酷暑，“文化赋能乡村振兴”双休剧场每个周末都有演出。

祝福广场旁的“敏实共同富裕乡村学堂”里，77 岁的鲁阿良常来练习书法。他说，老年学校里有多种公益课程可供选择。鲁阿良的爷爷鲁远海与鲁迅是堂表兄弟，鲁阿良爷爷的爷爷便是《祝福》中鲁四老爷的原型。因此，现在村里举办祝福节等活动，都会请他扮演鲁四老爷。这样的传统民俗活动，每每吸引不少游人前来。

村里花木蓊郁、文气流转的优美环境，让鲁迅长孙、鲁迅文化基金会会长周令飞“落叶归根”的愿望更强烈了。他在此

鲁迅外婆家景区还原的鲁迅笔下的“祝福”习俗场景。浙江省绍兴市越城区孙端街道 供图

设立了工作室，引进鲁迅美术学院在此设立了美术馆和动漫基地。他策划的“大师对话”活动请来了雨果、托尔斯泰、泰戈尔等大文豪的后人与研究者，以鲁迅为桥梁，关联绍兴与世界。

周令飞还策划了热闹非凡的2022绍兴首届“水乡社戏”活动，举办地是安桥头村和皇甫庄村。皇甫庄村与安桥头村相距七八公里，这里有一座包公殿，殿前有一块地坪，坪前水域宽广、碧波连天，演员在前坪演戏，人们坐在河中的船里看戏。这与《社戏》里的场景很相似。

“鲁镇”，走过百年沧桑

这不是我们想象中的“鲁镇”。

在鲁迅的小说《祝福》里，鲁镇的色调如“灰白色的沉重的晚云”。在小说《故乡》里，它“萧索”“没有一些活气”，让前来接母亲离乡的“我”觉得十分悲凉。

可眼前的鲁镇，满眼都是澄碧的湖河，灵秀的小桥与凉亭，茂盛浓绿的植物掩映着黑瓦白墙的江南民居，石板路的两旁店铺林立。成群结队的游人漫步其间，兴味盎然。

其实，绍兴本没有一个叫鲁镇的小镇，它是鲁迅作品中虚构的地名。鲁迅把儿时记忆中的绍兴城和皇甫庄等小镇糅合在一起，变为了笔下的鲁镇。

鲁迅赋予鲁镇沉重、萧瑟、阴郁与凄凉的色调，既源于他家道中落备受屈辱的身世之感，更源于他对社会靡弱、民生艰困的那份深挚的黍离之悲、家国之痛。绍兴市文史研究馆专职副馆长杨水土介绍，清末民初的绍兴，是一个典型的旧中国传统小城，人们守旧落后，城乡民生凋敝，文教愚暗。

鲁迅是中国乡土文学的开创者，在观察和书写故乡时有自己独特的思考。杨水土认为：“几乎每个作家都会写自己的故乡，但大多是抒发离情别愁，关注的是个人的成长经历和情感。而鲁迅则把深沉的家国情怀与思想融入了文字，因而他作品里

《鲁镇社戏》剧照。浙江绍兴柯岩风景区 供图

的故乡自然更具深刻性。”

天翻地覆慨而慷。新时代的阳光早已将笼罩在“鲁镇”上空的阴霾一扫而空。一座古意盎然的村镇凭“空”而起，成为人们缅怀鲁迅、玩味鲁迅笔下人物和风土人情的最佳所在。

现在的鲁镇，是柯岩风景区的一部分。它复原了鲁迅笔下鲁镇的景象，仿佛百年前浓缩的绍兴。穿着长衫的孔乙己、戴着乌毡帽的阿Q、一脸愁苦的祥林嫂……镇上的“居民”们，以雕像和演员表演的方式出现在鲁镇的街头巷尾，讲述文学里的故事。酒楼和特产店里，地道绍兴菜和黄酒、腐乳、乌干菜、乌毡帽等，让游客更接近鲁镇人。当然，也有星巴克、肯德基、寻宝记等餐饮品牌，以及研究黄酒多种喝法的绘璟轩、沉浸式剧本换装体验馆等时髦店铺，为游客提供多种选择。

这里也有一场“社戏”，叫《鲁镇社戏》，是外来游客必看的节目，一天至少演出一场，场场爆满。

它是一台影画剧，以小学生读课文时恍然穿越进百年前的鲁镇为主线，串联起鲁迅的代表作及其中代表人物，展现了五四运动前后绍兴城乡的万千世相——那也是当时中国社会的人生百态，透着震撼人心的浓重悲剧色彩。这部剧开创了绍兴高科技影画表演的先河，填补了绍兴大型旅游演艺的空白。

结尾处尤为动人心魄。深情的音乐中，目光深邃的鲁迅先生不同时期的头像，那些寄慨深沉的文字片段，不断从暗处劈空而下，撞击人们的眼帘。末了，一束光亮穿透舞台中央，仿佛人生希望的出口。一个洪亮的声音响起：“观众朋友们，让我们一起穿越舞台，出路就在前方！”顺着光亮，穿过舞台，人们不免会眼含热泪地想起一段话：“我想：希望是本无所谓有，无所谓无的。这正如地上的路；其实地上本没有路，走的人多了，也便成了路。”

据鲁镇景区负责人介绍，2019 年，鲁镇接待游客 120.28 万人次。度过了疫情的三年冷淡期后，2023 年 1 月至 10 月上旬，游客已经突破 88 万人次。景区的保安保洁等岗位，90% 以上由附近的中老年居民担任。

也是 2023 年，景区开始在文创上下功夫。开“热风”咖啡店，卖“野草”T 恤、“朝花夕拾”笔记本、“鲁迅”陶瓷杯……感兴趣的年轻游客不少。

作为浙江省首批省级夜间文化和旅游消费集聚区，“夜鲁镇”也很受欢迎，夜间游船、“夜鲁镇 · 市集”、中秋长街宴、水乡光影艺术节等活动丰富多彩。游客也不用担心玩得太晚，9 间民宿任君选择。

今天的“鲁镇”，如此生机勃勃。

“未庄”，梦想照进现实

受尽侮辱和伤害，靠“精神胜利法”无聊赖活着的可怜的阿Q，不会想到，他曾混迹其间的“未庄”能这样好。

绍兴市柯桥区的柯桥大道，西边是鲁镇，东边是新未庄。

宽阔平整的街道和水光潋滟的河道，串联起471幢粉墙黛瓦的江南民居，几步一景，如同江南园林。

旁人难以想象，这竟是一个由4个村合并而成的拆迁安置社区。20多年前，这里还是一大片农田。2001年，社区开始建设，绍兴县（今柯桥区）投资2亿多元建起了美丽的新社区。2002年2月，村民们统一入住，从农民变为市民，开始了新生活。他们曾经的居住地，变成了如今柯岩风景区的鲁镇。

社区命名时，人们颇费了一番功夫。想起鲁迅在《阿Q正传》中虚拟了一个叫未庄的村庄，便借鉴了先生的创意，冠上“新”字叫新未庄，意在新生和永恒，并在成立之初就定下了“打造乡村城市化、新农村建设典范”的目标。

在小说《故乡》的结尾，鲁迅借他笔下的主人公，道出了他心中深长的热望：后代不要如自己般辛苦辗转，也不要如闰土般辛苦麻木，“他们应该有新的生活，为我们所未经生活过的”。

新未庄里没有阿Q和土谷祠，人们用鲁迅文化广场、鲁迅文学群雕、百草墙怀念着先生，用实际行动完成着先生的期盼。

初心使命馆和未庄蝶变馆，展现了新未庄的成长路径。习近平同志担任浙江省委书记时，曾于 2003 年和 2005 年先后两次到新未庄社区调研指导工作。他在老年活动室与居民亲切交谈，和居民潘海祥等切磋乒乓球技；走进居民朱国强家中，深入了解居民的生活。回想起当初的情景，51 岁的朱国强心里仍然暖洋洋的。朱国强原来住在柯岩村，拆迁后分到了现在的两层小楼。

多年来，社区在建设社会主义新农村的征途上进行了一系列成功探索。

柯桥区有“国际纺都”美誉，拥有“从丝到布到衣”的完备纺织产业链，目前全区有经营主体 15 万余家，贸易覆盖全球 190 多个国家和地区。朱国强夫妻俩做纺织生意，一年有几十万元收入，早就在城里买了房。

但他们还是喜欢住在新未庄。这里条件不比城里差，幼儿园、卫生保健站、休闲广场、饭馆、商铺等配套设施齐全。便民服务中心为居民提供社会保障、技能培训服务，“智慧助老”为有需要的老人提供居家养老、助餐、助医疗、护理等服务。环境则像景区一样，美丽而整洁。社区请了 40 多位社区居民负责清运垃圾、修剪绿化、维护秩序，居民有收入，更具责任心。

说到收入，新未庄社区党总支书记薛忠兴颇为自豪：“社区有 2 个经济合作社，2022 年的集体收入约 1100 万元，居民平均年收入约 6 万元。”

俯瞰浙江省绍兴市柯桥区柯岩街道新未庄，建筑民居鳞次栉比，规划整饬，绿水环绕，青山傍依，环境优美。 邹尚奇 摄

口袋富裕，精神丰盈。2013 年，为了满足群众日益增长的精神文化需求，柯桥区启动农村文化礼堂建设。1600 平方米的新未庄社区文化礼堂围绕“和”主题，设置了和邻里、和善家、和爱童、和阅者、和健客、和讲堂等功能厅，集托幼、阅读、公益培训、非遗传承、健身等多种功能为一体。

“乡村治理说到底是治理人心，文化是打开村民心门的钥匙。”薛忠兴说，要通过建设文化礼堂把村民的心凝聚起来，让大家的精力集中在发展上。

在文化礼堂中，悬挂着先锋榜、能人榜、道德榜、学子榜四大榜单，还有好村民、好媳妇、好公婆、好邻居、好儿女等评选。新未庄社区以榜育德，定期评选先进，涵养道德风尚，推动社区共建共治共享。

内外皆美的新未庄，被评为浙江省级全面建设小康新农村、省级文明村、省级绿化示范村、首批省级 3A 景区村庄。

“我在蒙胧中，看见一个好的故事……许多美的人和美的事，错综起来像一天云锦……”在散文诗《好的故事》里，鲁迅描述了一个昏沉夜里的美好梦境。

梦想已照进现实。今天的浙江，是全国唯一的共同富裕示范省。景美人和的新未庄，比“好的故事”还要好。故事未完待续，新未庄们还在不停地发展、向前，正如鲁迅所期望的那样：永是生动，永是展开。

【采访手记】

沉重与轻松

◎杨又华

在花树映发、风景如画、游人熙攘的绍兴街巷，不时“邂逅”鲁迅小说里的人物，是一种奇妙的体验。

他们是一个个、一组组惟妙惟肖的雕像：臂挎竹篮、身形佝偻，悲苦羞怯的祥林嫂；头戴破毡帽、弯腰驼背，拘谨麻木的老年闰土；身着破长衫，一脸落魄迂执的身形高大的孔乙己；表情张狂，愚憨狡黠无赖的阿Q阿D们……

每次猝然相遇，总会让人出神良久。那一刻，你会情不自禁地想起小说里的那些场景，那些故事。而每每想起这些被侮辱被伤害的人物的命运，心底便会隐隐产生一种沉重感。

在一次次的出神与回味里，你也会不断感念鲁迅先生的伟大。感念他用如椽巨笔，透过这一个个永恒的人物典型，记录下了“风雨如磐暗故园”的那个时代的影像，写下了另一种“无韵之离骚”。

深刻的现实主义艺术是穿透时空的。百年过去，在他的故乡，鲁迅文学的魅力化为了游客的别样体验——既有回望过往的感叹唏嘘，又有乐赏今时的轻松惬意。这种抚今追昔、逸兴遄飞的丰厚沉潜的旅游体验感，或许是别处难得有的。

对于今天的绍兴文旅来说，鲁迅无疑是最大的IP。穿行于处处充满鲁迅文学元素的景区景点，有些游客或许不免会在心里发出疑问：如果今天鲁迅先生重返故里，他会是什么表情？是那个横眉冷目的战士，还是文创商店里那个眉开眼笑的“萌萌哒”的老头？——这，确实是一个有趣的话题。

第二篇

满城尽是红高粱

◎易禹琳　陈普庄　蔡矜宜

扫码看本集视频

山东高密东北乡的红高粱。资料图

【文学原乡】

我曾对高密东北乡极端热爱，曾经对高密东北乡极端仇恨，长大后努力学习马克思主义，我终于悟到：高密东北乡无疑是地球上最美丽最丑陋、最超脱最世俗、最圣洁最龌龊、最英雄好汉最王八蛋、最能喝酒最能爱的地方。生存在这块土地上的我的父老乡亲们，喜食高粱，每年都大量种植。八月深秋，无边无际的高粱红成洸洋的血海。高粱高密辉煌，高粱凄婉可人，高粱爱情激荡。秋风苍凉，阳光很旺，瓦蓝的天上游荡着一朵朵丰满的白云，高粱上滑动着一朵朵丰满白云的紫红色影子。一队队暗红色的人在高粱棵子里穿梭拉网，几十年如一日。

——摘自莫言小说《红高粱家族》

“莫言”“高密东北乡”，这两个词一浮现，脑中立刻自动生成画面和音乐：看到了小毛驴驮着身穿红袄的巩俐穿过波涛起伏的高粱地，听到了姜文声嘶力竭地吼：“妹妹你大胆地往前走啊，莫回头……”似乎还闻到了九月九酿的新酒香。

血热了，头晕了，心醉了。

莫言和高密东北乡合酿的这壶酒，后劲儿真大。

此时，距张艺谋执导的电影《红高粱》(根据莫言小说《红高粱家族》改编)上映已经过去了36个春秋，距莫言获得诺贝尔文学奖也倏忽已逝11载。

喧嚣早已沉寂，那片高粱还在吗?

2023年盛夏，跨越1400公里山河，在潍坊的风筝和青岛的海风之间，我们终于落地秦代就设置的高密。

阳光炽烈，绿浪汹涌。那是高粱吗?

不是，是玉米。回答让人有些失落。

然而，红高粱小镇、红高粱影视城、红高粱文化大院、红高粱酒庄、红高粱抗战馆……红艳艳地，次第扑入眼帘，满目皆是红高粱。

这是古齐国和鲁国的交界处，天高地阔的热烈坦荡和芦苇深处的神秘诡异完美融合。在这里，一个作家与故乡的爱恨纠缠，一个村庄的过去与现在，愈接近，愈呈现魔幻现实主义的色彩。

像莫言那样侧着头，以 45 度角仰望天空吧，风起云涌处，一个现实越来越清晰——

莫言和高密东北乡，是世界上独一无二的奇妙结合体。

青纱桥，无边无际的高粱红成洸洋的血海

光膀子的莫言、姜文、张艺谋与年轻的巩俐笑得肆无忌惮，一顶红轿被几个壮汉颠得尘土飞扬，周迅和朱亚文躲进了高粱地……莫言旧居前的这些老照片，张扬地告诉你，《红高粱》拍了电影和电视剧。

高密人坦坦荡荡地揭秘：“张艺谋花几千元种了 60 亩地，电影里高粱来回晃荡，其实是鼓风机吹的。”“我岳父是酒坊里的群众演员，大热天穿着裤衩到水库边上晒背。”“九儿死了，那个黑太阳，就是拿我妈那个厂机床上的齿轮代替的。”……

那么，85 年前那场惨烈的高密东北乡人和日军的对抗，是真还是戏？

“这就是青纱桥！”拐入一条土路，高密人郭星月把我们带到了一座古朴的石板桥前。四野寂静，胶莱河里芦苇疯长，

蝉鸣乍起，惊飞一只鹭鸟。

左侧，石碑上有这座长不过 41 米、宽 2.3 米的石桥的不凡过往：始建于明嘉靖年间，舟车负贩通连平度、胶州、高密三县。

右侧，翻开的石书上介绍了那场伏击战：1938 年 4 月 15 日，日军汽车队前往平度县城，高密抗日游击队和东北乡村民伏击之，消灭鬼子 39 人，击毁军车 7 辆，其中 1 辆满载重机枪等战利品，被开回游击队驻地。

山东省高密市的青纱桥，1988 版《红高粱》在此取景。李健 摄

“喝了咱的酒啊，一人敢走青杀口……”对上了，这就是电影和小说里，“我奶奶”挑着酒菜去送饭时被鬼子打中的桥，也是“我爷爷”抱着燃烧的火罐冲向鬼子汽车的桥。

此时，从青岛起飞的飞机一架架掠过头顶，公路上的运输车欢快地奔忙。40 年前的春节，回乡的莫言和工友张世家喝酒，聊起了 1938 年的孙家口伏击战与公婆庙大屠杀。1985 年，抗战胜利 40 周年，莫言在老家，一气呵成写出了小说《红高粱家族》：“谨以此书召唤那些游荡在我的故乡无边无际的通红的高粱地里的英魂和冤魂。”

20 年前，莫言北京的家中挂起了家乡画家刘铁飞的画作《桥的回忆》，从此与青纱桥日日面对。

“我的祖先在桥上走过，日本人的汽车从桥上开过，牛羊在上边拉过粪蛋，儿童在上边采过花草，茂腔戏班子在上边唱过，张艺谋的《红高粱》剧组在桥上坐过。”

不能忘记 300 多个乡亲陈尸狼藉的惨剧，不能忘记军民同仇敌忾的气壮山河。党的十八大以来，习近平总书记多次强调弘扬伟大抗战精神，2013 年 10 月，山东省人民政府立了“青纱桥”“孙家口伏击战旧址”文物保护碑。在路口，高密设置了文化宣传栏，详细解说了这场真实发生过的伏击战。

离青纱桥不远处，2018 年底，一名长头发的画家建起了一座气势恢宏的红高粱抗战馆。

红高粱抗战馆。高密市委宣传部 供图

这里没有炫目震耳的声光电，只有简朴的青砖墙，馆藏的3000 多件实物是对日军侵华罪行的控诉。作为山东省红色研学基地和潍坊市爱国主义教育基地，红高粱抗战馆迎来一拨拨人参观。现场无声，对那场不可忘却的战争，人们内心翻滚。

这里有证明小说里“我爷爷”的原型刘连仁被日本人抓去做劳工，奋起反抗，穴居北海道 13 年才回到祖国的事实的实物。莫言两次到馆参观，还把馆藏的一件日军披风写进了小说《晚熟的人》。

馆外，六七个品种的红高粱在烈日下或妩媚或傲然。馆内，刘铁飞创作的《柔情红高粱》《野性红高粱》《大地红高粱》系列画作，一幅比一幅令人热血沸腾。法国著名艺术家盖勒评价：它与梵高的《向日葵》一样，充满了生命的热情和激情。

20年前，中央美院毕业的刘铁飞最喜欢画的是人体和美的风景。因“非典”回到家乡写生，画过田里所有的植物后，刘铁飞有一个非凡的发现：“玉米棉花整齐划一；高粱高低不齐，随风起舞，却耐旱耐涝，来了台风都刮不倒！”

后来，他在走家串户中偶然得到两件抗战的遗留物，听到一些老人讲的抗战故事，突然唤醒了身上的责任。从此，他像高粱一样扎根在高密东北乡的土地上，一点点垒起了这家红高粱抗战馆。“等这个馆群能健康运转时，我就将它捐给国家。”44岁就熬白了头的刘铁飞说。

如他的油画《魔幻红高粱》一样，刘铁飞在热烈地“燃烧”。他和“我爷爷”一样，是“东北乡的种”！

落日下回首，“红高粱抗战馆”六个字熠熠生辉。我们的眼前，无边无际的高粱红成洸洋的血海。

东北乡，一个王国的爱恨激荡

“我是一个来自中国山东高密东北乡的农民的儿子，能在这样一个庄严的殿堂里，领取这样一个巨大的奖项，很像一个童话，但毫无疑问是一个事实。”北京时间2012年12月8日零点30分，在瑞典斯德哥尔摩瑞典文学院，中国首位获得诺贝尔文学奖的作家莫言这样发表感言。

童话是如何变成事实的？

我们前往高密东北乡寻找答案。事实给我们迎头两击：世上本无高密东北乡，莫言写得多了，就有了现在高密市辖的东北乡社区。高粱呢？过去这里是滞洪区，高粱是救命的粮食，雨水多，地势低洼，能坐船进去剪红高粱；现在高粱只用来酿酒了。

在市区的莫言文学馆里，我们找到了莫言的“坦白”。在小说《秋水》里，他第一次提到了“高密东北乡”。从此高高举起这面大旗，招兵买马，创建了自己的文学王国。

“高密东北乡”，莫言泛指的是高密东北地域，包括他出生的原大栏乡平安庄。此地是高密、胶州、平度三地交界处，曾经偏僻贫穷，土匪横行。对出生的那块“血地”，莫言爱恨交加，他想逃离土地，逃离乡村，先后四次报名参军，21岁才如愿以偿。

平安庄的莫言旧居，全国各地慕名而来的参观者络绎不绝，还有00后的少年推着轮椅上的奶奶。这座建于1911年的普通北方民居，泥墙红瓦，东西两侧厢房已拆除。

低矮的门框，塑料蒙的窗户。走进去，简陋逼仄。两口大

山东省高密市东北乡社区的莫言旧居及内景。李健 摄

锅证明这里挤住过 13 口人。一间小房，一铺窄窄的炕，转身都困难，竟是莫言结婚生子的地方。人们议论着，不能相信在这里走出了诺贝尔文学奖得主。

一个人或许只有离开故乡，才能认识自己，认识故乡。

“莫言每年都回来。”诗人邵春生是莫言赴瑞典领奖的亲友团成员之一。

20 世纪 80 年代，莫言回来过年，邵春生用自行车驮着莫言，路坑坑洼洼。他问莫言：你的小说语言咋那么夸张呢？莫言回答：你去看聂家庄的泥老虎就知道了。突然对面来了个车，车灯一照，两个人都摔倒了，差点把诺贝尔文学奖得主摔没了。

2012 年，瑞典通知莫言得奖了，邵春生冲到莫言家，抱着他转了两圈，莫言自己没事儿一样，闲庭信步。第二天来了 100 多名记者。当晚，白岩松连线莫言，山东高密第一次在中央电视台“闪”了 10 分钟。

离开了家乡，莫言才明白：“我与农村的关系是鱼与水的关系，是禾苗与土地的关系。”找到高密东北乡后，他的人物、牲畜、风景和各色故事都落到了实处。1985 年，莫言一口气发表了 5 部中篇小说。

在高密，我们确证只有这块土地，才会“长”出莫言这样的作家。莫言说，“我是一个讲故事的人”，离莫言家三四百里地的淄川，300 年前有个会讲鬼狐故事的“老祖宗”蒲松龄。

莫言小时候，集市上有说书人。晚上，爷爷打着草鞋讲故事。

在高密，何以莫言，一切有迹可循。

旧居前，河洼蔓延，寂静无边无际。11 岁辍学的莫言曾在这里孤身放牧，仰天看云，想象力蓬勃生长。2002 年就预言莫言会得诺贝尔文学奖的日本作家大江健三郎走在这旷野，泪流满面。那年春节，他们彻夜把酒言谈。也许，只有他们彼此明白故乡和童年对他们的意义，文学给他们带来的苦痛与欢乐。

为什么莫言的《蛙》里会有泥塑大师？《檀香刑》里为何有那么多茂腔唱段？《红高粱家族》里的九儿为何随手一剪就是蝈蝈出笼？为什么他的作品那么想象奇诡，色彩浓烈，语言宛如黄河泛滥，滚滚滔滔？

到了高密，体验“四宝”，去聂家庄看过“咕嘎咕嘎”叫的泥塑和扑灰年画，去齐秀芳家里看过她满屋粗细交织、刚柔相济的高密剪纸，再在饭桌上听一段茂腔，你就全明白了。

高密东北乡从地理的故乡到精神的故乡再到文学的故乡，莫言实现了他“超越故乡”的梦想：“一辈子只写一个小地方，但是这个小地方在某种意义上代表中国。”

21 岁逃离故乡的莫言，又一次次回到故乡。

他举办文学讲座，为茂腔传承献计献策，为学校捐资……

“莫言像一棵树，把文学爱好者都拢过来了。”高密市作家协会主席张宏伟说。

高密剪纸非遗传承人齐秀芳的剪纸作品。易禹琳 摄

高密人佩服莫言的低调、韧劲和不断突破："你看吧，他还有高峰！"

2023年5月，年近古稀的莫言在上海向作家王安忆透露，他想用后半生完成一个小说家向剧作家的转换。

高密，高粱辉煌

高密，一个被诺贝尔文学奖改变了的城市。外地人这样说。

"以前说高密在青岛的西北，现在说青岛在高密的东南。"本地人的自豪溢于言表。

如今，你去高密，想象不到，一座小城，它不仅有两个高铁站，还邻着潍坊和胶东两座机场。走在城区，大商场大酒店大剧院

风光旖旎的胶河山东省高密市段。李健 摄

等大城市有的，这里一样不少。

往东北乡去，宽阔的旅游路是舒适的林荫道。蜿蜒的胶河一路相伴，曾经的洪水猛兽现在成了温顺美丽的国家湿地公园。河边柳树知了聒噪，有人长杆捕食。据说用大油炸透，沾盐入口，香酥无比。

美食也能成就一个作家。莫言曾就读的大栏小学内，建有一个莫言文学印象馆。莫言写作最朴素的缘起竟是邻居告诉他：济南有一个作家，一天吃三顿饺子。吃腻了野菜糊糊的少年莫言暗下决心，一定要当作家。

现在，在平安庄，吃，早已不是问题。

这里，百十栋平房呈“井”字形排列，家家户户的院子里停着小客车或货车，院墙上有花草。一户敞开的院子里，56 岁的户主王德军饭桌上堆着啤酒瓶，没事喝两口。他在泰迅智造上班，每天 240 元。家里有 15 亩地，妻子有加工渔网的副业。儿子和儿媳妇在城里上班，两个孙女上幼儿园。

卧室里，一面墙的照片光彩耀目，是祖孙三代的幸福生活展示，年过半百的老王夫妇还补拍了婚纱照。数百米外的莫言文学印象馆里，莫言 20 岁之前只蹭了一张堂姐的黑白照，穿了一个冬天的棉袄油乎乎地反着光。

谁能想到，高密东北乡的日子这样翻天覆地？

曾经，窗台上待客的一瓶酒，莫言每次偷偷地尝一口又灌

山东省高密市红高粱影视城流光溢彩，游客爆棚。李健 摄

点水进去。现在，莫言旧居前就有一家卖九儿酒的酒坊。旧屋比莫言家还破的杜老三，2012 年得知莫言获诺贝尔文学奖，敏锐地回家创业。2013 年 11 月，“精准扶贫”的春风从湖南湘西十八洞吹来，杜老三记住了“实事求是，因地制宜”八个字，甩开膀子干。他的酿酒车间和酒窖之大，让我们转悠了好一阵。

入夜，距莫言旧居 500 米的红高粱影视城，流光溢彩，水雾如梦似幻，游客摩肩接踵，多半来自青岛。

这是东北乡新晋的网红打卡地。人们白天逛古城，在《红高粱》影视剧里穿越；晚上看演出，赏烟花，就着青岛啤酒吃烧烤。

“以前是高密人出去旅游，没有来高密旅游的。”红高粱集团党委副书记、副总经理李然信回忆，2013 年《红高粱》拍电视剧，来了游客，高密才提出发展旅游。

2021 年影视城开园那天，周边堵车长达 5 公里。2023 年暑期的“欢乐星光夜”，游园观灯听曲达 16 万人次，卖冷饮、帮工的村民都鼓了腰包。

2023 年 9 月 24 日，高密的“红高粱文化节”如期而至。自 2010 年开始的“红高粱之约”，年年不见不散。为弘扬优秀传统文化，18 项文化活动，持续至 10 月 6 日。

“莫言是第一个在高密‘种’红高粱的，我们要好好打造红高粱品牌。”从市文旅局退休的张竹林自发组建了中国红高粱文化创意研修班，无偿为高密产品注入红高粱文化。

高密专门成立了红高粱文化研究中心。2023 年 10 月，习近平文化思想的首次提出，给了高密人更明确的发展方向。为弘扬红高粱文化，他们正憋着大招。

一阵欢呼声传来，红高粱影视城里，烟花在夜空炸裂，仿佛一棵棵红高粱恣肆起舞。

满城尽是红高粱。

【采访手记】

好客高密，有酒有故事

◎易禹琳

子曰："有朋自远方来，不亦乐乎。"

孔子是鲁国人，"好客山东"源远流长。

青岛人声称，"青岛是唯一一座喝啤酒吃海鲜不痛风的城市"，而莫言断言：高密东北乡是地球上"最能喝酒"的地方。他的小说《红高粱家族》酒香四溢，如今，他老家平安庄崛起多个酒坊，高粱酒深受八方游客欢迎。

高密人待客，不仅有酒，还有故事。

高密剪纸非遗传承人齐秀芳会"剪"故事。她把十二生肖的传说、高密女人的日常和莫言《红高粱家族》里九儿的故事，都剪进了自己的作品里。

聂家庄90后聂鹏会"捏"故事。他的非遗工作室进了中小学，非遗合作社带富一村人，捏泥塑"捏"出了"山东省乡村好青年""高密好人"的励志故事。

退休了的张竹林会"种"故事。他把红高粱文化种在炉包店、铁匠铺，"高粱姐"孙美莹把热气腾腾的高密炉包开到了第四家店，小家碧玉的女铁匠綦梦琦携高密菜刀上了央视。

画家刘铁飞会“藏”故事。他的红高粱抗战馆里竟藏了一个国内规模最大、展出品类最多的奥运吉祥物大展，他和奥运的奇缘要追溯到伦敦奥运会。

红高粱文化研究中心的李大勇有一肚子故事，他正带领一帮人计划把莫言的故事和红高粱文化播种到高密的土地上，让世界再次聚焦高密。

高密的故事，精彩还在继续。

第二篇

文韵悠悠，清溪奔涌

◎杨又华　刘瀚潞　邓正可

扫码看本集视频

湖南省益阳市高新区谢林港镇清溪村，环境优美的民居。徐行 摄

【文学原乡】

邓秀梅赶到清溪乡，天色还不晏，家家的屋顶上已飘起了灰白色的炊烟。冬闲时节，清溪乡的农家只吃两餐饭，夜饭都很早。

这个离城二十来里的丘陵乡，四围净是连绵不断的、黑洞洞的树山和竹山，中间是一片大塅，一坦平阳，田里的泥土发黑，十分肥沃。一条沿岸长满刺蓬和杂树的小涧，弯弯曲曲地从塅里流过……

虽说是冬天，普山普岭，还是满眼的青翠。一连开一两个月的白洁的茶子花，好像点缀在青松翠竹间的闪烁的细瘦的残雪。林里和山边，到处发散着落花、青草、朽叶和泥土的混合的、潮润的气味。

一进村口，邓秀梅就把脚步放慢了……

——摘自周立波长篇小说《山乡巨变》

夕阳落在远山，晕染出层层红云。浅山窝子里的这头，天光渐渐淡去，嘈杂也渐渐消退。

淡蓝色轻纱般的雾气，从几公里外的资江上飘来，漫过油茶树才结出花骨朵的茶子山，漫过屋旁挂满果实的栗子树，漫过浮光跃金的向日葵地，漫过暗香浮动的稻田、菜畦与荷塘，与屋舍上空的炊烟氤氲在一起，给村子涂上了迷离的色彩。

青檐白墙的民居里逐渐亮起灯盏。蜿蜒的村道旁、潺潺的溪流边，传来三三两两游客的嬉闹声。蝉噪、蛙鸣，各类秋虫的吟唱依旧热烈。

还是那样的山弯，还是那样的溪涧。

行走在初秋薄暮下的清溪村，总忍不住神思飘摇。60 多年过去了，周立波所描写的那场轰轰烈烈的“巨变”也过去了。但总感到那些鲜活的故事，那些可爱的人物——飒爽干练的邓秀梅、沉稳敦厚的李月辉、克己奉公的刘雨生、火辣刚毅的陈大春、活泼率真的盛淑君、宽厚糊涂的“亭面胡”……依然活在这片土地上。

是的，他们永远活着，活在历史的时空里，活在读者的心上。而他们的作者“周立波”，静静地矗立在故居旁，深情地眺望着脚下的土地。在他的眺望里，这个村庄的故事一直在延续，在发展……

泥巴里“长”出的芬芳文字

“节令是冬天，资江水落了。平静的河水清得发绿，清得可爱。一只横河划子装满了乘客，艄公左手挽桨，右手用篙子在水肚里一点，把船撑开，掉转船身，往对岸荡去。”

退休老支书贺志昂坐在村民家的地坪里，微仰着头，眯缝着眼，悠然地给我们背诵《山乡巨变》里的文字。

不用吃惊。在清溪村，上到六七十岁的老者，下到二三十岁的后生，许多人都能大段背诵小说里的句子。于他们而言，阅读和背诵周立波小说的文字，是一种很大的精神愉悦。

他们说，书里描写的生产生活细节让他们感到格外亲切，书里的每个人物都能找到原型，书里的俚语俗话就是他们说的家常话。他们说，周立波的文字就是从清溪村的泥土里长出来的。

1954年冬天，投身革命、阔别家乡26年后，周立波响应号召，回到了家乡益阳。

此时的他，已是享誉全国的大作家。他在东北元宝村亲身参与了土地改革，又在北京的钢铁厂体验了工业生产，创作出荣获斯大林文学奖的长篇小说《暴风骤雨》和中国当代工业题材长篇小说代表作之一的《铁水奔流》。

周立波回乡后，深入农村走访。他发现，尽管土地改革后，农民分到了土地，但农民依旧缺少粮食，缺少种地的肥料，好多人喂不起猪、鸡、鸭。

饥饿，让刚成立不久的新中国的农村步履沉重。

为解决吃饭问题，并为村级集体经济的发展积累资金，一

清溪村周立波故居。易昂 摄

场农业合作化运动在中国大地上迅速展开。这是一场重构农村生产关系、改变数千年来乡村小农经济思想观念的深刻变革，要把单家独户的生产力集中起来，把大家的心气凝聚起来，让千家万户团结起来，共同耕耘土地。

周立波满腔热情地投入了这场运动。他举家从北京迁回益阳老家，决心亲身参与并记录下这场变革。他把家搬到竹山湾的一座木板房里，与老农邓益廷一家同屋共住。

他拜农民为师，学习农活和方言土语；带着乡亲们学习党的政策和合作社章程，协助建立了党组织，并亲自负责初级社"凤

清溪村的周立波铜像。徐行 摄

鹤社”的办社工作。

他被乡亲们当成了无话不谈的自家人。大人亲切地喊他“立波胡子”；细伢子看到他，会直接往他身上爬。

白天，他和大家一起在田间劳动；晚上，他走家串户找人“打港”（拉家常）；深夜，他在住家楼上的煤油灯下埋头笔耕。

1958 年，长篇小说《山乡巨变》出版，轰动中国文坛。

那个时代的清溪村，虽然生产还很落后，生活还很艰苦，但小说字里行间所弥漫的那种乡村生活的诗情画意，干部群众昂扬奋发的精神、对美好未来的憧憬，仍然令人心驰神往、怦然心动。

这部小说不仅给清溪挣得了“山乡巨变第一村”的金字招牌，还撒播下了一种团结奋斗的精神，更留下了一缕宝贵的文脉。

六十多年来，一代代的“邓秀梅”“李月辉”“刘雨生”“盛淑君”们，在这方土地上接续奋斗，不断演绎着新的故事。

年近八旬的周谷成老人，是清溪村 1980 年至 1987 年的党支部书记，亲历了清溪村的家庭联产承包责任制改革。“那个时候真是辛苦啊，早上六点起床去忙村里的工作，晚上七点回来摸黑去作田。”“苦是苦，但好在大家能吃饱饭了。”他脸上挂着灿烂的笑，回忆着那段峥嵘岁月。

74 岁的邓仁佑，是个严谨的实干家。会计出身的他，心里有本经济簿。担任清溪村党支部书记的整整 16 年里，村里的账本，他至今记得清清楚楚。他带着村民办企业、修马路、兴水利，“接手担任村支书的时候，村里的资产仅剩一元，到后来慢慢有了可观的积累。”邓仁佑给清溪村集体经济挖了第一桶金。

2008年，是清溪村第二次巨变的起始年。在外做生意的贺志昂为村里的发展蓝图所鼓舞，毅然回乡，从便民服务员一直干到村支书。在他任上，清溪从一个传统农业村蝶变成了文旅名村。临近退休，他又苦口婆心、“花言巧语”，把一批在外闯荡的年轻人动员回来，在上级党组织的支持下，建起了年轻的村级领导班子。

书香晕染的青绿山水

“不上五年，一到春天，你看吧，粉红的桃花，雪白的梨花，嫩黄的橘子花，开得满村满山，满地满堤，像云彩，像锦绣，工人老大哥下得乡来，会疑心自己迷了路，走进人家花园里来了。”

月光下，一对年轻的恋人陈大春和盛淑君这样畅想着清溪的明天。

今天，小说描写的这一幕早已实现。还有更多的美好是周立波和他笔下的人物所没有想到的。

如今的清溪村，不管春夏秋冬，每到双休日，总会呈现游人如织的景象。也有一些远方的客人为求清静，特地选择工作日来，在特色民宿住上一两天。

是什么吸引了远远近近的人们接踵而来?

是青山绿水、鸟语花香的花园般的优美环境，是田园风情与现代化有机融合下的轻松与惬意，是乡愁与书香浑然一体的特别意境。

其中最打动人的是书香。是的！书香。从周立波那里漫流而来的一缕书香，浸润在这方土地上，使得这个村庄有了特别的韵味。

进入村庄，你就与文学艺术撞了个满怀。印象广场上，表现周立波与农民水乳交融的大型史诗纪念群雕《山乡巨变》在蓝天白云映衬下，引领你的思绪进入宽广的历史河道。

紧邻着的方言广场，一条条刻于石上的《山乡巨变》里的益阳俚语方言，让远方来的客人颇费思量又兴致盎然，让本地的游客会心莞尔、忍俊不禁。

旁边的清溪展馆，展示着借用现代科技手段生动“还原”周立波回乡劳动、写作的故事，以及丰富精美的本地非遗文创产品。

循着淙淙的溪流声，你就进入了一条露天艺术长廊。稻田边、田埂上、铁路桥墩上，200多幅连环画、地雕、浮雕，描绘着《山乡巨变》里的人物和情节。栩栩如生的农耕生活场景，让人兴味悠然。

一路往村子的深处走，在那个树木蓊郁、荷花亭亭、山茶花花香四溢的山坳里，周立波先生在等着你。那里坐落着他的故居——一座古朴的穿斗式三合院，已有一百多年历史的老宅。在这里流连、沉思，你或许会明白“战士”兼“人民作家”的深刻含义。

近两三年来，清溪村的这缕书香因为一群人的加入，而愈益馥郁芬芳。

立波书屋、王蒙书屋、莫言书屋、梁晓声书屋、张炜书屋、儿童文学书屋……21 间风格各异的书屋，以及可容纳 50 万册

图书的中国当代作家签名版图书珍藏馆，陆续建了起来。那些书屋悄然隐身于花木扶疏的农家庭院，多由民居改建而来。一般是楼下书屋、楼上住家，还有一些将楼上装修成了民宿。

“在景色如画的村庄里散散步，发发呆，喝几口擂茶，读几本文学书。”对许多城里人来说，这是一种诱人的召唤。

浓浓的书香，也引来了文学的盛会。2022 年盛夏、2023 年初夏，中国作协两度率全国百余名作家来到清溪，开启文学之旅。清溪村被授予中国作家“深入生活、扎根人民”新时代文学实践点。

更多的文学雅集相约而来。村里的“文约清溪”主题活动，

益阳市高新区谢林港镇清溪村，中国当代作家签名版图书珍藏馆。徐行 摄

经常邀请全国知名作家、艺术家走进清溪，开展文学讲座、网络访谈、签名售书、采风创作等 。

益阳市、湖南省乃至全国的不少读书会和研学机构，也走进了清溪。全国儿童文学大赛将在清溪举办……

代代传颂的周立波的故事，越来越浓厚的文学氛围，也让清溪的村民沾了更多的“文气”。

傍晚时分，在央视节目《山水间的家》拍摄过的院子里，我们等来了主人邓春生。这个刚过花甲的汉子，虽然只读过初中，却是村里小有名气的诗人。他刚从山上的生态农场喂完鸡回家。在我们的一再请求下，他有些腼腆地从屋里拿出了他的诗歌本，翻了一阵，选了一首，轻轻读了起来：“横河划子 / 载着青春和担当 / 沸腾了山乡……抱子怀胎的茶子花呀 / 温暖了秋冬的冷雨寒霜……”

那天中午，我们走进了卜雪斌家的“立波清溪书屋”。他是位憨厚朴实的中年汉子，用带有浓重益阳口音的普通话热情为我们介绍——

书屋被分成两个部分。一部分是古朴农家场景：一座大木门，门楣上题着“竹苞松茂”，墙上挂着蓑衣、斗笠。“这还原的是《山乡巨变》里的场景，在书上的第 36 页。”另一部分是阅读空间，摆满了周立波的作品和研究图书。

平素里，卜雪斌和他爱人在这里做讲解、卖擂茶。“读者来了，就跟他们聊书上的内容，也说些周立波的故事。”在此之前，卜雪斌在外面的矿井打工。知道村里要下大力气打造文学之乡，卜雪斌立马回家，第一个报名支持书屋建设，把家变成书屋，连租金补贴都没拿。两口子把书屋打理得很温馨，手工擂茶和点心做得味美，每个月能有 1 万元左右的收入。

全国报告文学作家研讨班学员到清溪村参观学习。曾散 供图

红色基因清溪书屋。徐行 摄

立波清溪书屋。徐行 摄

儿童文学清溪书屋。徐行 摄

“我还想组织其他书屋的管理员，多聚在一起开‘读书会’，提升文学水平，吸引和服务更多游客。”卜雪斌憨笑起来，眼里是满满的期待。

美好的故事未完待续

“我要经我手把清溪乡打扮起来，美化起来，使它变成一座美丽的花园……到时候，请你回来赏香花、尝果子。”

周立波借小说人物之口所憧憬的家乡未来的美景，在许多年的时间里并没有出现。

就像中国现代化道路经历过不少曲折和艰难的探索，清溪村的发展也有过迷茫，走过弯路。

20 世纪 80 年代一度兴起的淘金热，以及后来凉席生产和生猪产业的无序发展，曾给这里的土地造成严重的污染。有一段时间，连村民饮用水都得从外面送进来。

这样的路是不能走了。可新路在哪儿呢？

关键的时间节点上，周立波与他的文字，就像地平线上的一道光亮，让人们看到了新的方向。

2008 年，是周立波诞辰 100 周年。在举办了隆重的庆祝活动后，上级明确了清溪村的新定位：依托周立波文学品牌，发展文化旅游。从周立波故居的改造开始，清溪村修好了道路，修饰了房屋，还建设了几处景点。

2018 年春天，益阳高新区谢林港镇的镇干部带领清溪等村的村干部到浙江湖州余村考察。“那里养人富民的青山碧水，让我们受到极大的震动！”贺志昂说。

“绿水青山就是金山银山”，习近平总书记的生态文明思想，以及他亲自部署推动的实践典范，让清溪人心更明了，眼更亮了。

清溪村再次启动提质改造。让一切带污染的产业全部出村，按江南民居风格整修村民房屋院落，在全村范围清淤治水、种树植绿；引进清溪文旅集团，实施公司化运营，打造更多新的文旅景点。

清溪，一洗风尘，展露出俏丽的面容。

现在的清溪村民，住在花园式的环境里，吃着轻松写意的“文旅饭”。现任村支书蔡真告诉我们，目前村民已办起大大小小的擂茶馆、农家乐 30 多家，农家摊点 40 余个，带动 500 多人在家门口就业。

从去年开始，“山乡巨变第一村”又有了新的目标：打造“中国文学第一村”。优化作家书屋和中国当代作家签名版图书珍藏馆运营环境的一系列举措，陆续推出。村里正在对民宿进行扩容、提质、升级，并着手创办可同时容纳 800 人就餐的“清溪食堂”。

《山那面人家》是周立波描写家乡风土人情的一部著名的

短篇小说，现在被改编成现代花鼓戏，一年四季在清溪剧院上演。发展壮大起来的清溪，也把眼光投向了“山那面人家”。它要在乡村振兴中起示范带动的作用，同时它也需要更广阔的空间。

在上级的支持下，一山之隔的高桥、石湖两地，被并入了清溪。合村后，清溪的经济发展版图愈加清晰、鲜活、宏阔。

山的这一面，书香弥漫，古意悠悠；山的那一面，平畴旷野，稻油飘香。那里是智慧农业示范区：官春云院士、刘少军院士分别领衔的高产优质油菜基地、高产稻虾稻鱼基地，实现了“无人化”管理；味芝元食品有限公司、国联水产联袂而来。

行走在生机勃勃的清溪村，我们时时被它美好的发展蓝图鼓舞着，同时也有一点工作上的苦恼，那就是采访村干部时总是时间太紧张。

采访年轻的村支书蔡真时，他不断被公务电话打断，话未完，一个工作事项就把他叫走了。

村委“小东哥”邓旭东，曾经是个在广东从事自媒体工作的 90 后“潮男”。回村后，他把长长的林肯轿车换成小小的 smart 轿车，又换成了更方便的电三轮。他担负着好几摊子的工作，其中最琐碎繁杂的是管理网上的“三长制”服务站——不久前，他帮着村里打造了一款为民服务的微信小程序，村民大事小情，组长、片长、网格长、村委随时呼应，随时处理，随时回复。由于忙，采访一次次爽约。

青年文学
山河锦绣

益阳市高新区谢林港镇清溪村荷塘。徐行 摄

看着这些心系着 8000 多人口、一个个热汗水流脚不沾地的年轻的身影，我们总会联想起《山乡巨变》里那些同样年轻的面孔。某种意义上讲，周立波的小说是一曲青春的战歌。

热血的青春啊，一定会在新的山乡巨变中写下新的更动人的故事！

【采访手记】

周立波的“绝活”

◎杨又华

读周立波的两部长篇小说《暴风骤雨》与《山乡巨变》，有一点让我们特别感到惊奇。

这两部小说所写的村庄，一北一南，相距近3000公里，民俗民风话语口音迥异，可在周立波的笔下，同样原汁原味，活色生香。特别是对当地农民方言土语的大量运用，简直就像生活的“复刻”，半个多世纪过去，依然鲜活如初。

这，堪称作家周立波的“绝活”。有此绝活的，还有赵树理，他俩是中国现代乡土文学的双璧，被称为“南周北赵”。

周立波的“绝活”是怎么练成的？我们想，就源于那八个字——“深入生活，扎根人民”。他是拳拳服膺于延安文艺座谈会精神、谨遵文艺“二为”（为人民服务，为社会主义服务）方向的人民作家。在东北黑龙江，在湖南益阳，他的第一身份都不是作家，而是土改工作队员、农业社干部。就是在长期的深入的与农民水乳交融的生产生活中，他熟悉了他们的生活和语言。

而作为作家的周立波，在与农民的朝夕相处中，他的视角不是居高临下的，不是冷眼旁观的，他的内心有一腔温热、一片真情。因此，他总是能够发现平凡乡村的诗情画意，发现农民和乡村干部身上闪光的品质，发现趣味盎然的故事。因此，他的作品总是为人民大众所喜闻乐见。

或许，周立波的作品确乎存在所谓“时代的局限性”；或许，文学创作可以更多地往“现代性”“后现代性”方向去开拓。但我们总觉得，周立波式的现实主义是有长久的可贵的价值的，也是我们今天的时代所需要的。去年在黑龙江元宝村走访，此次在清溪村走访，我们对此有了更深切的体会。

第四篇

红旗渠，你慢些流

◎曹辉　陈普庄　胡雪怡

扫码看本集视频

豫、冀、晋三省交界处，红旗渠总干渠主要工程之一的青年洞。徐行 摄

【文学原乡】

我多次写过红旗渠的故事，对当年的红旗渠建设者们一直怀有很高的敬意。

在最困难的时期，做出修红旗渠的决定，很不简单。当时太行山缺水，一个县的人都困在了水上，修红旗渠下的是笨力，不是为了个人，那是为了大家。

修建红旗渠是在特殊年代里用双手书写在大地上的一座丰碑，丰碑上有4个字：生生不息。只有我们这个民族才能干出这样的事情，其所代表的坚韧不拔的民族精神，是中华民族的底色，是中华民族之所以生生不息、不可战胜最生动的诠释。

至今每次去林州看红旗渠，都是一种洗礼。红旗渠精神为文学工作者提供了不竭源泉和精神动力，我们这一代人有责任回望，有责任坚守，更有责任将其发扬光大、世代传承。

——摘自李佩甫接受《大河报》采访内容

八百里太行，巍峨险峻，绵延不绝，鬼斧神工。

高山如父。

它像一位威严的父亲矗立着，阻隔着西伯利亚的寒流；它像一位年迈的父亲支撑着，亿万年岁月侵蚀，血管干涸。

“惩山北之塞”，于是有了愚公移山。十年九旱，于是有了人工天河红旗渠。

理想如炬，信念如磐。2022 年 10 月 28 日，习近平总书记在河南安阳考察时指出：红旗渠就是纪念碑，记载了林县人不认命、不服输、敢于战天斗地的英雄气概。要用红旗渠精神教育人民特别是广大青少年，社会主义是拼出来、干出来、拿命换来的，不仅过去如此，新时代也是如此。没有老一辈人拼命地干，没有他们付出的鲜血乃至生命，就没有今天的幸福生活，我们要永远铭记他们。

2023 年 8 月，河南郑州。著名作家、茅盾文学奖得主李佩甫先生呷一口清茶：“壁立万仞！”回想起 20 世纪 90 年代为创作电视剧剧本《难忘岁月——红旗渠的故事》，在太行山下的采访经历，70 岁的老人依然心潮澎湃，语调铿锵。

90 分钟对谈，他 6 次用到“壁立万仞”这个词来形容太行山势之险峻。

循着李佩甫先生的笔触，我们来到太行山下，走进河南林州，走进红旗渠沿线的林州人家，走进已经发生和正在继续发生的“红旗渠故事”。

十年九旱，换了人间

——一部惊天动地的传奇史

林州市北的红旗渠纪念馆里，老汉桑林茂跪地求雨的实景雕像，将人拉回到那不堪回首的过去。

相传民国初，因村里缺水，桑老汉走了好几里地，挑回一担水，心想着过年全家能包顿饺子。新过门的儿媳妇摸黑出门接过水桶，不料因道路崎岖，裹过的小脚一崴，水桶打翻在地。当天夜里，悔恨交加的儿媳妇竟自尽身亡。

过去的林县，十年九旱，地棘天荆。

据林县县志记载，自明朝正统元年（即 1436 年）到中华人民共和国成立前夕，大旱绝收 30 余次，更出现 5 次“岁大荒，人相食，析骨而焚，易子而食”的炼狱惨象，饿殍遍地，哀鸿长鸣。

现在的林州，换了人间。

市区往北约 20 公里，G234 国道与红旗渠一路相随，绿树成荫，繁花似锦。林县早更名林州，旱地变绿洲。

桑耳庄村，就静静地依偎在红旗渠畔。

村民依旧大多姓桑。当年桑老汉一家逃荒后不知所终，留下来的人，尝过了修渠的苦，也尝到了渠水的甜。

许多文学作品都会把桑老汉一家的悲惨故事作为故事的开端。现实中的桑耳庄，则是红旗渠故事的开篇者和重要一章。

从村部前坪的一条坡道上行百余米，一座开阔的广场呈现在眼前。村里人把它命名为“劳模广场”。在红旗渠长达十年的建设过程中，涌现出许许多多劳模，现在人们用这样的方式来铭记这段岁月。

穿过劳模广场，便来到杨贵书记工作旧址。暖水瓶、煤油灯、旧土炕、绿军被……屋内的陈设，还原了当年的情景。1957 年至 1962 年，时任林县县委书记杨贵曾带队多次到桑耳庄调研，并长时间在此蹲点，与群众同吃、同住、同劳动，治山治水。一个村庄，一个乡镇，一个县的命运，从此开始改变。

1965 年，红旗渠的水通到了桑耳庄村，缺水的窘况，得到根本改善。村党支部委员桑增书说，从那往后的几十年，桑耳庄与“水”的故事，一直在延续。人们用上了自来水，还利用一眼山泉，建了矿泉水厂，注册了“红旗渠矿泉水”商标……近年来村里又进行了污水管网改造，穷、脏、乱的旧山区，变成了绿、富、美的新农村。

河南省林州市，有了红旗渠水的灌溉，如今太行山下的村庄，良田沃土，民居整齐排列，人民生活富足。徐行 摄

老书记杨贵的足迹遍布林州的山山水水。距桑耳庄不远的盘阳村，同属林州市任村镇，是红旗渠建设史上的另一个重要地标。

当年的建设指挥部就设在这里，著名的“盘阳会议”就在这里召开。村委张学明早早在村部前的广场等着我们。

指挥部旧址是一处明清建筑。三进的小院，屋檐下的石板上满是水滴石穿的痕迹，木门一打开发出“吱呀”之声。

据史料记载，1960 年 2 月，“引漳入林”工程在轰轰烈烈的氛围中展开。由于战线过长、技术力量不足，无法统一指挥，出现了许多问题。当年 3 月，针对这些问题，“引漳入林”总指挥部在盘阳召开会议决定：树立长远作战思想，不急于求成，将工程划分为四段分期施工；“引漳入林”工程正式命名为“红旗渠”。

盘阳会议被称为红旗渠建设中的“遵义会议”。

张学明说，这里自古以来就是豫西北交通要道，豫晋古道穿村而过，“鸡鸣闻三省”的牛岭山就坐落在村头。修建红旗渠时，指挥部选址于此，就是因为其交通区位的重要性。

红旗渠修成后，盘阳村有了一个新的标签：太行山下的“小江南”。“粮食产量高了，生活好了。土特产多，花椒啥的，别处有的我们大都有。我们这里还有别处没有的，那就是从事货车运输这个行当的非常多，因为交通便利。”张学明回忆当年情况。

坚韧不拔，生生不息

——一部战天斗地的奋斗史

太行山脉是一条地理山脉，也是一条文化和精神山脉。

林州人将一段伟大的历史写在中原大地，而他们也被写进了一部部催人奋进的文学作品中。

从红旗渠动工的第一天开始，在各类报道、文艺作品中，就有对艰苦奋斗精神的提炼和描述。1960 年 2 月，红旗渠刚刚开工的时候，摄影家魏德忠拍摄了红旗渠建设的第一张照片并命名为《移山造海》，刊登在 1960 年 3 月的《河南日报》上，并称赞其为中华民族自力更生、艰苦奋斗的精神，是愚公移山的精神。1961 年，知名作家师陀在《上海文学》第 3 期发表文章《红旗渠》，文中谈到了“为林县人民的战斗精神所震惊”。

文学界对红旗渠的关注，一直延续到今天。尚翠芳，林州市文联主席。从 2011 年开始，她持续深入红旗渠沿线，先后采访了 60 多个人，至今已整理 20 万字的素材。她的采访对象，既有李天德、李改云等英雄模范人物，也有普通劳动者。

为了编写长篇电视剧《难忘岁月——红旗渠的故事》，李佩甫曾多次深入太行山腹地，行走红旗渠边，走进林州人家。

20 世纪 90 年代，第一次深入采访，李佩甫在林州住了半个多月。饿了，就在老乡家吃顿农家饭。村民们用土鸡蛋招待远道而来的大作家，说什么都不肯收饭钱。

在林州，李佩甫见到了许多修渠人：“有的人单手在剥玉米，因为另一只手在修渠时被炸伤了。”他说，他更加感受到了一种生命的张力。

在李佩甫笔下，有一个名叫黑豆的孩子，他的原型，名叫张买江，是红旗渠年龄最小的修渠人。

“买江”这个名字寄托了当地人对水的期盼。

1960 年，张买江 11 岁。那年 2 月，张买江的父亲张运仁成了第一批上渠的建设者。不幸的是，2 个月后，4 月 29 日，张运仁在一次爆破中牺牲。

李佩甫在河南省郑州市接受《湖南日报》记者专访。徐行 摄

年少的张买江作为家中长子，扛起了帮衬母亲持家的重任，他每天跟着母亲跑上两三公里，往家担水。

8 月，雨季一过，两三公里外的那眼山泉没水了，取水要到七八公里外一口池塘。

有一天，母亲因体力不支，一不小心摔进了池塘。回来后，母亲对张买江说："你爹没有修成红旗渠就走了，你要接过他的担子，不把渠修通，就不要回家！"

次年正月，张买江上渠了。"我从南山村出发，走了一天的路，到了任村公社。到处悬崖峭壁，我当时就吓得尿了裤子。"这段回忆对于如今年过七旬的张买江来说，依然鲜活。

他在渠上一待就是9年。从一开始学放炮、干零活，到后来成为灌溉技术能手。其间，他在1966年三条干渠竣工总结大会上，被评为红旗渠建设特等模范。

后来，组织上给予了张买江学习文化的机会，经过大学的深造，张买江成为一名体育教师。退休后，张买江又在红旗渠干部学院授课，继续讲述红旗渠的故事。

60多年前的张买江不会想到，自己这一辈子，将要和红旗渠结下不解的缘分。更不承想，他的后代，在几十年后的今天，依然战斗在他曾经战斗过的地方。

2018年，河南多地遭遇特大暴雨。红旗渠上，那个带领突击队奋战6个小时，保住渠下1000多名群众生命财产安全的防汛突击队队长，名叫张学义，他是张买江的儿子。

张学义现在是林州市红旗渠灌区管理处合涧管理所所长。“有人说红旗渠已经成为一条‘观光渠’，其实它的灌溉功能并没有退化。”张学义举例说，用红旗渠的水灌溉，每亩地每小时的成本是9元，而用机井水，成本是60元，“老百姓需要红旗渠，需要我们守渠人”。

当年和张买江一同被评为特等模范的，还有一位女英雄，名叫李改云。红旗渠上的“改云桥”，是唯一一座以人名命名的桥。

1960年2月18日，红旗渠建设正式开工仅8天，在一次山体滑坡中，李改云奋力将工友推开，自己却埋在了碎石下，

河南省林州市境内，有了红旗渠水的灌溉，如今太行山下已是良田沃土。
徐行 摄

身负重伤险些牺牲，右腿落下终身残疾。

李改云给我们看她右腿的伤口，腿骨和肌肉都已经变形。数十年过去，暗红的疤痕依旧触目惊心。蹒跚着起身迎接我们的到来，蹒跚着坐上轮椅送我们离开，87岁的老人喃喃自语："我是'死'过一次的人了，活下来后唯一的想法就是珍惜。我是修渠人，也是红旗渠的受益者。过去的林州，太穷了；现在的生活，太好了……"

人勤春早，豫北江南

——一部改天换地的荣光史

庙荒村，一个光听名字就觉得有故事的地方。

村里人说，由于太行山下土地贫瘠，这里直到明朝洪武七年才有人定居。当年，村西头是一座古庙，古庙前面是成片的荒坡，"庙荒村"由此得名。

现在的村子，就在传说中的"荒坡"上。

连接村口的马路，铺着沥青，在八月正午阳光照射下，路面的空气折射出蛇形的波纹。路旁的绿地刚修剪过，青草馥郁，恰好盖过了沥青的气味。

红旗渠穿村而过。如果不是驻足观察，我们几乎感觉不到它的流淌。

站在渠道旁边，抬头就能望见太行山。或平直、或陡变的线条——这样的构图似乎只有中国画里才能见到。大片斑驳的纹理映衬下，山顶的植被，更像是水墨渲染出的轮廓，山峰的层次、形态便跃然纸上，恰到好处。

太行山是一座外冷内热的山。

它的板正、苍凉，让人“高山仰止”，但当平视它的时候，山脚的线条却渐趋柔和，姿态变得温婉，甚至连颜色也开始有些俏皮——绿的叶、红的花，金黄的石榴、翠嫩的梨——目光回到眼前的庙荒村，俨然一片俏江南。

绿水，青山，橘红色的石头房子。一打听，这里竟有 30 多家民宿。

庙荒村坡多地少，曾是河南省省级贫困村，也是黄华镇唯一的建档立卡贫困村。2018 年，庙荒村摘掉了“贫困帽”，如今更是成为“全国乡村治理示范村”“全国乡村旅游重点村”。

从 2017 年开始，村里以“公司 + 合作社 + 农户”模式成立了幸福庙荒旅游开发有限公司，这 30 余家民宿，属于公司打造的“渠畔人家”项目。上级政府和村里负责搞好公共设施和环境，老百姓把家里拾掇到位，即可开门迎客。

渠畔最靠近村口的一家民宿，老板娘名叫李卫青，看上去也就四五十岁，但她说，自己已经当了奶奶。

丈夫在村里做粉刷匠。林州被誉为“建筑之乡”，在修建

河南省安阳市林州市黄华镇庙荒村，红旗渠穿村而过。 徐行 摄

红旗渠后，更是培养了大批能工巧匠。

儿子已经成家，赶上假期，就会带着媳妇和孩子回家待上两天。

李卫青的婆家姓刘，公公刘黑牛今年已年满 79 岁，身板依然硬朗，他也是早年红旗渠的建设者。我们到访的时候，老人家外出打扫马路去了。

李卫青成了家里最忙的人。白天操持家务，傍晚时分，还要张罗家人和住客的晚饭。最多的时候，家里会有十多位住客。

北方主妇擅长面食。一把白面撒在案板上，加水，揉开，筋道刚好；再抹上油，反复揉捏摔打一番……面饼下锅，麦香四溢。几分钟后，一张色泽金黄、口感酥脆的千层饼便端上了餐桌。就着咸香的酱牛肉、生甜的洋葱，我们吃得欢快，李卫青笑得满足。

刘黑牛老人已经回到家里。我们请他讲修渠的故事，老人爽快答应。

刘黑牛说，当年修红旗渠，凭的就是一股子干劲。后来的改变，其实真没想到过。

“过去，我们这里看天收，差的时候颗粒无收，好的时候一亩地也就是 50 来公斤的收成。红旗渠修好后，一亩地能产两三百公斤。”

从靠天，到靠地。如今，靠人。

最近十年，旅游业成了这里的主要产业，村民人均年收入达 2.2 万元。

在村里的“乡邻农果”电商服务中心，刚刚大学毕业的李佳苗正在趁着下班前的工夫，把大爷大妈家送来的农产品贴上标签，既卖给慕名而来的游客，也销往网络云端那边的粉丝。林州山区特产丰富，有生长在悬崖峭壁上的太行菊花，有色泽红润、芳香浓郁的大红袍花椒，还有圆润酸甜的山楂等，越来越受青睐。

夜幕降临，红旗渠沿线亮起五颜六色的灯光。从 7 月底开始，村里办起了第一届渠畔灯光节。

窥一斑，见全貌。现在的红旗渠沿线村庄，我们看到的都是这样的生活场景：温馨而富足，幸福而祥和。

刘黑牛倚靠在渠畔小桥的石凳上，与乡邻们扯着家常。夜色沉醉了人心，眼前的红旗渠，仿佛也要流得慢一些，再慢一些。

【采访手记】

文学世界里的太行山

◎陈普庄

从林州回到长沙。

过了很多天，又从社交媒体看到一位朋友发的一张林州城市街景。道路两旁，高楼林立，绿树成荫，看似与其他城市没什么两样。

但在照片的景致深处，一道黛青色的屏障，将我拉回数天前的林州之旅。

那是太行山。

以前只知道，它巍峨险峻。

去往太行山，竟忘了一睹它的真容。或者可以肤浅地认为，"只缘身在此山中"。直到我回头看到这张照片，对太行山的观感，才终于让我有了落笔的灵感。

这大概就是李佩甫先生数次提到的"壁立万仞"。

"壁立万仞"四个字，就清晰地印在词典当中。但李佩甫先生对它的理解，或许更多来自太行深处的跋涉。而林州人对"壁立万仞"的理解，或许来自大自然的宽厚与无情。

一部经典的作品，何尝不是文学世界里的太行山。

一段可歌可泣的往事，何尝不是历史时空里的太行山。

时光流逝，沧海桑田。用现代的眼光去审视红旗渠上发生的一幕幕往事，无异于在手机上打开一张照片说：看，那就是太行山。土专家，笨办法，映射着的，恰恰就如李佩甫先生对中华民族精神力的礼赞：生生不息。

这，难道不是红旗渠留给我们最宝贵的财富吗？

第五篇

追寻平凡里的那束光

◎杨又华　黄煌　邓正可

扫码看本集视频

陕西省清涧县石嘴驿镇王家堡村一隅。童迪 摄

【文学原乡】

每当打枣的时候，四五天里，简直可以说是双水村盛大的节日。在这期间，全村所有的人都可以去打枣，所有打枣的人都可以放开肚皮吃。在这穷乡僻壤，没什么稀罕吃的，红枣就像玛瑙一样珍贵。那季节，可把多少人的胃口撑坏了呀！有些人往往枣子打完后，拉肚子十几天不能出山……

庙坪的枣林后面，就是庙坪山。这山高出村周围其他的山，因此金鸡独立，给人一种特别显眼的感觉。……这山，这庙，这枣林，再加上庙前二水相会，给双水村平添了许多风光。

从田家圪崂的公路上下去，蹚过东拉河，穿过三角洲枣林中的一条小路，就是和东拉河在庙前交汇的哭咽河。这河虽然小，但来历不凡。……

……

正因为有东拉河和哭咽河，这村子才取名双水村。

—— 摘自路遥长篇小说《平凡的世界》

初秋的陕北，长空如洗，一片湛蓝。在这样的天气里，纵目远眺，浩瀚如海的黄土高原更显得雄浑、壮阔、辽远。

我们从延安赴延川，再赴清涧，要去探访路遥笔下的“双水村”。

驱车在高速公路上，满目是绵延不绝的青黄驳杂的山塬山峁山梁。那模样，既粗砺又柔和，既严峻又温厚。一个个大多由新式窑洞聚合在一起的村落，安静地“趴”在山脚、山窝。

山影起伏，一如我们的心潮。

怎能不激动呢？《平凡的世界》里的那个村庄，演绎了多少令人心暖心动心酸的亲情、爱情、乡情，演绎了多少普通人生活中的悲欢离合、酸甜苦辣，还有那些面对苦难不屈不挠的奋斗！

今天，“孙少安”“孙少平”“田润叶”“贺秀莲”们的生活，是一番怎样的光景？

路遥不平凡的人生历程，让他有了独特的两地乡愁

从榆林市清涧县王家堡村到延安市延川县马家店村，走榆蓝高速，一个多小时即可到达。而 66 年前，这段路程需爬过无数的山梁、蹚过无数的沟坎，曲里拐弯，走路要整整两天时间。

1957 年深秋的一天，王家堡村的青年农民王玉宽和他 7 岁的长子王卫国，衣衫褴褛，一前一后，寂寂地走在这条漫漫长路上。因家贫无力供孩子上学，这一趟，王玉宽以走亲戚为借口，要将儿子“骗”到延川县郭家沟村（现马家店村）无儿无女的大哥王玉德家去“顶门”。

这一次的经历，在年幼的王卫国心里刻下了终生难愈的伤痕。

“我知道，父亲是要将我掷在这里，但我假装不知道，等待着这一天。那天，他跟我说，他要上集去，下午就回来，明天咱们再一起回老家去。我知道，他是要悄悄溜走。我一早起来，趁家里人都不知道，躲在村里一棵老树背后，眼看着我父亲，踏着朦胧的晨雾，夹个包袱，像小偷似的从村子里溜出来，过了大河，上了公路，走了。那一刻，我没有出声，只有泪水在脸上哗哗流淌……”

多年后，已成为著名作家“路遥”的王卫国，好几次在公

清涧县石嘴驿镇王家堡村，老人们聚在一起玩象棋。童迪 摄

众场合回忆起这一幕，仍忍不住伤心落泪。

这个 7 岁男孩的经历，是那时黄土高原无数村落里人们困顿生活的缩影。

从一穷二白基础上建立起来的新中国，有过好长一段艰困的日子，而生活在自然条件恶劣的黄土高坡的农民，生活更加困苦。

过继给大伯家后，王卫国依然生活在贫困之中。他没有穿过一件新衣服，裤子破得简直羞于见人，“饥饿经常使我一阵又一阵的眩晕，走路时东倒西歪”。

清涧县石嘴驿镇王家堡村，一家窑洞民宿的房间。童迪 摄

“路遥一生与苦难相伴。青少年时代是贫穷相逼，后半生是对文学殉道般的热忱与身体病痛激烈的冲撞。”《路遥传》的作者、延安大学文学院教授梁向阳（笔名厚夫）跟我们说，路遥的伟大，就在于他把苦难转化成一种敏锐的观察力，找到了一种超越苦难的崇高感。他的文字，带给人的永远是战胜困苦的勇气和向上向善的力量。

虽然历经磨难，但对于生活过的黄土地和这片土地上的人们，路遥却怀着深深的感恩之情。他永远铭记，在他没钱上中学的时候，是乡亲们帮他渡过了难关。“全村人尽管都饿得浮肿了，但仍然把自己救命的粮食，分出一升半碗来，塞到我的衣袋里。我忍不住在乡亲们面前放开声哭了。”“我猛然间深刻地懂得了，正是靠着这种伟大的友爱，生活在如此贫瘠土地上的人们，才一代一代，延绵到了现在。”

“故乡是作家的心灵出发地，正是陕北这块土地给了路遥养分。陕北文化中的大气、包容、担当、进取、利他，在路遥身上体现得淋漓尽致。”梁向阳说。

那些困难的日子早已经远去，而路遥拥有两地故土的特殊经历，却在今天留下了一桩“公案”：王家堡村和马家店村的乡亲们都“咬定”，《平凡的世界》的“双水村”就在他们的脚下，书里的人物都可以在“咱们村里”找到原型。不得不说，这是一桩有趣的甜蜜的“公案”。

“双水村”奋斗的故事，在马家店村接棒上演

延川县大禹街道马家店村紧挨着千年古镇文安驿镇，距延川县城约 5 公里，长延高速和 210 国道穿村而过。路遥养父母家的那孔旧窑洞，坐落在村子对面一条自南向北的沟谷东侧的山腰上，前面是两条小河的交汇处。这个地理地貌，有点像路遥《平凡的世界》中“双水村”的形状。

在这里，路遥度过了他的青少年时代。

“你们看，路遥就是在对面那个现在已经废弃的小学上的

学，后来还回村里当过民办教师。他是在马家店熟悉了乡亲们的生产、生活，他的《平凡的世界》里的‘双水村’肯定是以这里为原型的。”也在这里生活了多年的路遥的四弟王天云，乐呵呵地说。

他是路遥兄弟五人中唯一的健在者，也是路遥在给朋友书信中总是提起、希望对方能够给予帮助的那个“苦命的可怜人”。如今，这位精神健旺的小个子老头，一天到晚开着那辆装饰得萌萌的老年代步车，开心地在村子里转悠。

是啊，他说的话有道理。虽然这个村子的布局与小说里的“双水村”有诸多不同处，但他的文学创作一定汲取了这方土地丰

延川县大禹街道马家店村，村民大多住上了现代化的窑洞。童迪 摄

厚的养料。

“我对延川这块土地，永远抱着感激的心情。我为这本《平凡的世界》写过一句总献词——‘谨以此书献给我生活过的土地和岁月！’实际上就是献给延川的。”路遥曾经这样说。

岁月如歌。这个平凡村庄那些不平凡的奋斗史，有些段落写进了路遥史诗般的百万字巨著。而为路遥所不知道的是，他的村庄的奋斗史，后来有更动人的篇章。

“那些年啊，我们壮着胆，攒着劲，想尽办法干点大事，一点点改变这个烂包村的状况。”和路遥小学、初中同过校的年过七旬的老支书刘扶朝，坐在他家花香隐隐的院子的水泥地坪里，和我们聊起往事。

21 世纪初，在他任支书的七八年里，他们办过猪场，搞过蔬菜大棚；麻着胆子筹款，全体村民挑灯夜战，建起了全县条件最好的村部大楼，让群众有了一个舒适的活动、开会场所；参加国家农业综合开发项目，在村里的山山峁峁摆开战场，修通了上山的公路，铺设了到山顶的灌溉水管；动员群众退耕还林，经过5年时间，把原来黄秃秃的山峁山梁山沟变成了满眼的绿色，从此永远告别了“下雨黄泥满沟，刮风黄尘漫天”的历史……

“像牛一样劳动，像土地一样奉献。”退下来的前支书、现任马家店村监委会主任马卫军最喜欢路遥的这句格言。他说，《平凡的世界》开头所写的“双水村”人的苦况，就是马家店

延川县大禹街道马家店村监委会主任马卫军在山上放牛。童迪 摄

村当时的真实写照。

“要说农民劳动苦，现在也苦啊，但苦得幸福！”这位笑起来眼睛眯成了一条缝的老汉，是出了名的勤快人。小时候自行车都买不起的他，如今买了挖掘机，家里还养了 12 头牛，山上种了十来亩玉米。一天从早到晚，没得一刻安闲。

马卫军担任村支部书记的年月，村里的大会战也是一场接一场：高速公路的拆迁安置，精准扶贫的攻坚战，村容村貌的大整治……乡村振兴号角吹响的时候，他主动让贤，把重担交到了年轻人的肩上。

那天晌午，这位“年轻人”开着一辆老旧的卡车，载着我们轰隆隆开上了高高的山塬，一路上，黄尘在车后翻滚。与南方不同，在黄土高原，成形的大块的土地大多在山顶上，它是大自然既慷慨又严酷的“馈赠”。

他领着我们，看他从山东引种的村集体的 600 亩红薯——昼夜温差大的气候，软糯香甜的良种基因，使肥厚的绿色藤蔓下结着高价的“金果”；看村集体的 100 亩樱桃园——一大片随风摇曳的樱桃树，即将在明后年挂果，让人对未来的收成生出无限美好的遐想。

前一天，他刚带领村里十几个人去外地考察桑蚕养殖，这是比他引领大家发展的红薯、樱桃效益更高的产业。他说，这段时间夜里躺在床上算着心账，兴奋得怎么也睡不着。

这位 44 岁的“年轻人”，叫郝岗。中等的个头、敦实的身板，带着憨厚笑容的黑红脸膛上，一双有些充血的眼睛格外有神。他熟悉《平凡的世界》，主人公孙少安、贺秀莲两口子苦干图强并决心带领乡亲们脱贫致富的故事，尤其让他感动，令他鼓舞。他高中毕业后去西安打过工，还跑过十多年运输。后来，他决心成为新时代的“孙少安”。

2018 年，听从上级党组织的动员、召唤，他二话不说回村挑起了村支书的担子。适逢上级要求清退非农耕地，他带领村干部先从自家做起，几天时间把 300 余亩树苗全部清理完毕。

任何时候，农村的劳动总是苦的，但劳动的果实格外甘甜。路遥在小说里畅想过“双水村”美好的未来，但他可能不会想到，新的时代为他的故乡打开了如此广阔的空间。

因为窑洞冬暖夏凉，村民大多还是住的窑洞，但那是以砖窑、石窑为主的现代化的窑洞。出门，是快捷便利的交通；入门，水电气网全通。家家户户的院子里，有石砌的矮墙或篱笆，矮墙里面，是盆栽的鲜花；外面，是青青的菜园。“双水村”时代的旧物，或许只有院子中那些上了年纪的枣树、槐树，以及石凳、石磨了——它们，还依然记录着过往的岁月。

离开马家店村再次路过路遥故居门前时，许多的机器正在“轰隆隆”施工。一个规模宏大的“路遥文化产业园”，已经拉开建设的序幕。

王家堡村以新时代的巨变，迎接魂归的赤子

进入榆林市清涧县石嘴驿镇王家堡村后，我们迅速产生了一种似曾相识的感觉。

“庙坪山”“神仙山”“东拉河”“哭咽河”“三角洲”“枣林”“田家圪崂”“金家湾”……小说里描写的这些地名，似乎都能找到相对应的地方。

“王家堡就是‘双水村’的原型！童年的记忆是最深刻的，何况是他魂牵梦萦的故土。成年后，路遥也偶尔回来。所以他以这里为小说故事的发生地，是很自然的事情。”年轻的 90 后村支部书记冯亮说起来，满脸的自豪。

或许是感到贫困年代有负于童年的路遥，近年来，在国家脱贫攻坚战中早已甩掉贫困帽的王家堡村，围绕打造路遥文旅品牌，以巨大的热情和热火朝天的建设，呼应着这个远方“游子”的期盼，迎接这个魂兮归来的赤子。

王家堡村北侧一处稍高的坡上，是路遥亲生父母居住过的窑洞，站在院门前，可以望见大半个村子。这个院落早已无人居住，它像一位历经沧桑的老者，默默地看着眼前日新月异的变化。

这处旧居的下面，是车辆日夜奔跑不息的 242 国道。跨过互通便桥，正对着这个院子的，是两栋颇具艺术设计感的现代

清涧县石嘴驿镇王家堡村的苹果园。童迪 摄

化建筑，远远可以看见著名作家冯骥才和王蒙分别题写的馆名，那是清涧县倾心打造的“路遥纪念馆”与“路遥书苑”。两馆展陈着路遥的生平，以及他从事文学创作的心路历程和他笔下的文学世界。

这是一处文学的“圣殿”。流连在展馆，读着这位文学殉道者以生命抒写的一行行文字，你的心会感到战栗！

“在那样困难的环境里，什么是最珍贵的呢？我想，那就是在困难的时候，人们的心灵是那样的高尚美好。”

“只有不丧失普通劳动者的感觉，才有可能把握住社会生活历史进程的主流，才有可能创造出真正有价值的艺术品。”

“劳动，永远是医治精神创伤的良药。”

“作家的劳动绝不仅是为了取悦于当代，而更重要的是给历史一个深厚的交代。”

“我们应追求作品要有巨大的回声，这回声应响彻过去、现在和未来，而这回声只有建立在对我国历史和现实生活广泛了解的基础上才能产生。”

“一个平凡而普通的人，时时都会感到被生活的波涛巨浪所淹没。你会被淹没吗？除非你甘心就此而沉沦。”

“生活不能等待别人来安排，要自己去争取和奋斗。”

…………

我们看到，虽然天气燠热，但两馆依然涌动着安静的人流。

不远处，村部所在地，也就是小说所说的“庙坪山下”，“双水交汇处”“枣林”的近旁，建起了花木扶疏、宽阔敞亮的村民休闲广场，那里有凉亭、长廊、雕塑、文化墙。广场上面的山腰处，搭起了许多的脚手架，嘈杂的施工声远远传来，那里正在打造中国现当代作家文学村、窑洞民宿。往北一点的地方，是耀眼的清华大学乡村振兴清涧工作站，而在这两地之间的一处空地，是已进入规划的可容纳 200 人食宿的旅游综合服务中心。望不见的远处的“神仙山”山顶上，村里与陕果集团合作建设的 2400 亩苹果园，希望的树苗正在迎风生长。

相距 1.7 公里远的康家湾村，也加入了打造路遥文旅 IP 的合唱。在一架绵长高峻的山梁下，伴着“哗啦啦”流淌的小河，建起了青砖灰瓦、古色古香的“路遥小镇”。

如今，越来越多远道而来的人走进王家堡村，他们为沉浸式体验文学里的场景而来，为感受“双水村”的时代变迁而来，为更好地走近路遥的心灵而来。

清涧县石嘴驿镇党委书记杨贺告诉我们，2017 年王家堡村开启省级美丽乡村建设，经过几年的发展，现在以王家堡村为核心，建起了一条长 3.2 公里的观光体验带，形成了以路遥文化为核心的多元素旅游度假区。王家堡村先后获得“榆林市乡村振兴标杆村”“陕西省乡村旅游示范村”“陕西省传统村落”“省级美丽宜居示范村”等荣誉称号。2023 年 4 月，路遥书苑景区成功晋级国家 4A 级旅游景区。

“双水村”人恓惶的生活早已远去，“双水村”人兀兀穷年劳动拼搏的汗水已浇灌出幸福的花朵。

赶赴马家店村、王家堡村，我们怀着一种热望，而离开这两个村庄，我们依依不舍。这两方土地上波澜起伏的奋斗历程，乡亲们对更美好生活的向往，因为路遥的文字，而格外让人萦怀。我们相约：过两三年，我们要以纯粹游人的身份，再来好好看看这两个更新更美的文学梦里的村庄。

【采访手记】

路遥墓前的沉思

◎杨又华

路遥墓在他的母校延安大学的后山上。路遥以与死神赛跑的决绝写完《平凡的世界》第三部后不久，终因沉疴不起，于1992年11月在西安西京医院病逝。这个不凡的灵魂陨落时年仅42岁。

一条灌木葱茏的小道从学校地坪的路遥文学馆曲折而上，到达这里。松树、柏树、洋槐树、杜梨树、榆树等树木织成一张绿色的帘，环护在墓的周围。站在墓前，透过树木的空隙，可以看到部分的延安城。

作家厚夫说，一年四季，常有远道而来的客人前来拜谒，其中最多的是菁菁学子，也不乏白发苍苍的老者。

此刻，午后的阳光正照得天地一派澄明。徘徊在墓前，凝望着近处他的雕像，眺望着远处繁华喧腾的城市、对面排闼的青山和更远处连绵起伏的绿原，我不禁神思飘摇、心潮澎湃。

我痛惜他的英年早逝、他生前所经受的苦难，感念他给世界留下的如大山般厚重的文字，更深地理解了他常常提及的两个词：庄严，崇高。

是的，从他“字字椎心血，竭虑铸史诗”（作家高洪波诗句）的写作里，我们感受到了“庄严的劳动”“超越苦难的崇高”；从《人生》《平凡的世界》里那些主人公顽强奋斗的如歌岁月里，我们感受到了生活的庄严与崇高；而不远处的这个城市、更远处的这片黄土高原，以及我们这个民族、这个国家一百多年来的苦难辉煌，七十多年来的艰难跋涉，十几年来的沧桑巨变，更让我们感受到了那种庄严与崇高！

第六篇

贾家庄，故事蓬勃生长

◎曹辉 廖慧文 胡雪怡

扫码看本集视频

风景秀美的山西省汾阳市贾家庄村。李健 摄

【文学原乡】

在去甄家庄的路上，我脑子里不断地胡猜乱想：离开这村里已经有四年了，这些年来村里有没有什么新的变化？那些熟人们是否还认识我？饲养员赵大叔如今还健在吗？……

秋收又近尾声，田野里一片深秋的景色。我也顾不得欣赏沿途的风景，只是飞快地蹬着自行车赶路，恨不得一下子能飞到甄家庄。

过了红豆庄，只见前边出现了一条新修的大水渠，远远看见渠堰旁有三四个人，忙忙碌碌不知在干什么。

——摘自马烽小说《三年早知道》

将落地了。飞机缓缓降了高度，青黄交错的大地逼近眼前。这是山西，最早的“中国”。

“人说山西好风光，地肥水美五谷香。左手一指太行山，右手一指是吕梁……”依这首脍炙人口的《人说山西好风光》来辨认山川，却发现不对——词作者乔羽南下，我们是北上，左右手该交换。

左手的吕梁山。一排排山体、一道道梁，如一条大龙的脊骨，隆起在黄土高原上。吕梁山，逶迤八百里，一山断秦晋。汾河与黄河映带山之两翼，它们由北奔流而来，再滔滔南去。

英雄的吕梁山。革命战争时期，它是红军东征主战场、晋绥边区首府和中共中央后方委员会机关所在地。抗日战争时期，整个山西几近与日军肉搏。因地跨晋西南、晋西北，连接陕北、山西，吕梁成为连接各敌后抗日根据地的重要枢纽、通往延安的“钢铁走廊”。

血与火的土地，催生传奇。抗战中后期，兴起了以旧通俗小说创作“新英雄传奇”的潮流，《晋绥大众报》20 岁出头的年轻编辑马烽、西戎将一批战士的事迹写成章回体小说在报纸上连载。于是，《吕梁英雄传》诞生，起头是这山：“吕梁山的一条支脉，向东伸展……”

我们为马烽而来。马烽（1922—2004），吕梁孝义市人，16 岁参加八路军，1940 年先后在延安鲁艺部队艺术干部培训班和部队艺术学校学习，开始了文学创作。写书，是要“尽一个革命战士所应尽的天职”。新中国成立后，他在吕梁山下选定了一片村庄，这成为他以笔为犁精耕细作的写作“根据地”。住下来后，《我们村里的年轻人》《三年早知道》《我的第一个上级》……名篇不断。他从革命文学写到 20 世纪 80 年代的改革文学，从“小马”写成“老马”，跨越中国现代文学史与当代文学史，写成“山药蛋派”的代表作家。

落地。吕梁横亘天边，巍峨亦温厚。

我们奔向这山，这村庄。吕梁东麓，汾河西岸，汾阳贾家庄。

幸福不会从天降

2023 年 7 月底，几场阵雨后，空气清爽。格局疏朗、建筑簇新的贾家庄，嵌在高粱地里。好高粱，织成密密的青纱帐。好黄土，那么深厚、肥沃、平坦。这地方真不错！

贾家庄人不多言，把我们往贾家庄展览馆带，见见当年的“恓惶”——这是山西方言，意为穷困潦倒。新中国成立前，因地势低洼，贾家庄是“烂塌滩、沤麻坑”，全村的盐碱滩占总耕地面积的70%。

盐碱滩什么样？雨天见涝，晴天结壳，一片白茫茫，不长粮食长稀草。荒年时，一些村民只能逃荒乞讨、捡垃圾、卖儿鬻女求生存。

当历史循环被打破，贾家庄拥有了新的力量。1953年，26岁的贾家庄村团支部书记武士雄在村里的座谈会上，第一次见到马烽。这位见过世面的作家告诉他们，治碱要先治水。“水排走了，地才能晾出来。”“治碱不是一家人能干的事，要组织起来。”于是，青壮年们被编为互助组，采用开渠截流、沟洫台田、起高垫低、浅浇洗碱、铺沙压碱、碱土搬家、增施肥料等方法治碱……地捉住苗了，“人就闹不死了”。

“我在北京待了将近七年，深深感到住在北京城里写山西农村生活，不是个办法。”抛下这句话，1956年春，马烽从北京回到山西，挂职汾阳县委副书记，第三次来到贾家庄村。当时，改水治碱初见成效，让马烽耳目一新。1958年，马烽在贾家庄村完成了《我们村里的年轻人》剧本初稿；1959年，电影上映。时隔四年，《我们村里的年轻人》又拍摄了续集。这次，马烽邀请乔羽来采风，乔羽欣然写下那首被人戏称为“山西省歌”的《人说山西好风光》。

电影讲的是在世代缺水的村庄里，年轻人主持凿山造渠引水的故事——贾家庄村改水治碱故事的变体。观众立刻被一种创造无限可能的青春活力鼓舞了——初生的共和国的希望被隐性地诉诸青年的行动力和满腔热情之中，激情与壮丽的未来向着古老的土地开放。

提及马烽，96 岁的武士雄嗓子很亮："哎呀，那可是个好人……他成天跟着我们，喜欢讲笑话，可逗了，我哪知道他是在搞创作？后来他女儿告诉我，我是（电影主角）高占武的原

山西省汾阳市贾家庄村——种子影院。李健 摄

型。”武士雄88岁的妻子张凤英记得，马烽爱拿个大口烟嘴子，“动员”大家过来“抽一口”：“他不像个书记，他最普通。”当时，国家在宣传新《婚姻法》，号召自由恋爱，废除包办婚姻。马烽就多了个保媒拉纤的爱好。武士雄和张凤英，也是由马烽介绍撮合的。

改水治碱改良了土壤，也将土地改造成了适合机械耕作和具备水利灌溉设施的平平整整大农田。1965年，贾家庄村粮食亩产达408公斤，一跃成为北方第一个粮食产量“跨过长江”的村庄。改水治碱持续了23年，村民由此叹服集体的力量，这成为贾家庄坚定不移走集体化的原动力。

我们见到了邢利民。1976年，年轻的邢利民被正式推选为贾家庄村党支部书记。他回忆，20世纪80年代初期推广的家庭联产承包责任制是极大的考验。当时汾阳全县318个村几乎都“土地下户”，邢利民主持召开村民大会征求意见，不愿分田的村民占大多数。国家的政策该如何落实？站在这沾满祖辈血泪、浸满父辈汗水的田野上，他不安：“如把这大田再分成一块块，怎搞机械化？”

就是那个夏天，邢利民登门拜访马烽。马烽看到，党的十一届三中全会后农村很快大变样，一部分人富了起来；但不少缺乏劳力或致富无门的农民，解决口粮后仍贫困。群众反映，过去干部下来访贫问苦，而今只找冒尖富户。这引起马烽深思，

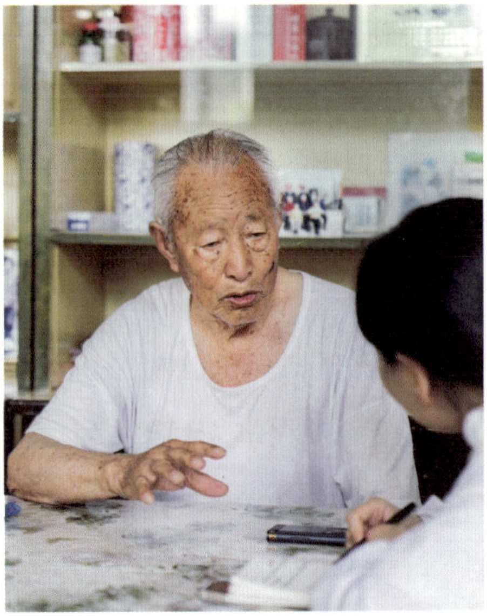

山西省汾阳市贾家庄村，电影《我们村里的年轻人》高占武原型人物——武士雄老人接受《湖南日报》记者采访。李健 摄

他认为，中央提倡一部分人先富起来，对打破“大锅饭”体制确有必要，但让一部分人先富起来的终极目标是实现共同富裕。

两人深入探讨国家政策精神，最终决定“不能搞一刀切，也不能只切一刀”。顶着外界质疑，邢利民领衔推行统分结合的家庭联产承包责任制，创造性地实行“三田到户，一集中，五统一”的统分结合法，形成土地公有、分户承包、责权明确、联合服务的双层经营模式，对一家一户难办的排灌、收割等作业项目，仍实行统一耕作，充分发挥集体优越性和个体积极性。

“马烽有见识、有文化、有思想，给贾家庄村指明了发展道路。他的话大家都信。”邢利民说，共同富裕一直是贾家庄人的信仰。

“不当百万富翁，要建亿万富村。”1986 年，邢利民带头捐赠个人企业给集体，在他的号召下，贾家庄村一口气创办建材、机械加工等多种企业，实现了由农业经济为主向工业经济为主的转变。

2007 年，邢利民之子、已是成功商人的邢万里带着新的经营理念回村，接受贾家庄村党委、村委的聘请任命，发展刚刚兴起的乡村旅游产业和光伏发电等项目。2017 年，邢万里接任新一届村党委书记。如今，四星级酒店、汾州民俗文化园建成，水泥厂成为工业文化创意园……多种产业齐头并进，截至 2022 年底，全村经营性集体固定资产达 12.2 亿元。

富了，集体为村民建居民住宅楼，拓宽道路，天然气入户，统一供暖；扩建中心小学、幼儿园；修建图书苑、卫生院、老年人日间照料中心……

“幸福不会从天降”，《我们村里的年轻人》里，女主角孔淑贞唱着这首歌走来。村口，先辈们手握镢头战天斗地的创业雕塑附近，这句话，也在。

长满故事的土地

汾阳出汾酒。“借问酒家何处有，牧童遥指杏花村。”今人至，不必“借问”，杏花村外贾家庄，处处见酒铺。

马烽纪念馆。李健 摄

马烽住哪儿？得“借问”。上了年纪的村民们不假思索地抬手，凌空一指——“老马家？那儿！”从 20 世纪 50 年代到 90 年代，马烽在贾家庄的一座二进院落断断续续住了 40 来年。

马烽家现为马烽纪念馆。进门，迎面是老年马烽的塑像。跨进房，窗台下一张青黑大炕。炕上有小桌，摆放着他的书本和眼镜。墙上的一张张照片上，他和“山药蛋派”的文学战友们，走在一座座村庄里。

马烽常去下地干活，也去村民家吃饭，一进门就上炕，聊天，活络得很。村民任彦雄吃过马烽家的饭。是什么？我们问。他答，面条嘛。蝉声嚷起来了。任彦雄说，这个时节，马烽不在炕上写作，是去阁楼呢。

乡村的生活日常里，能长出故事。《三年早知道》《饲养员赵大叔》等一系列短篇小说，反映随着时代潮流变化的乡村生活，更注重老百姓“喜闻乐见”的传统、习俗、民间形式的运用，开掘出生活语言内在的艺术表现力。邢利民说，马烽的小说里都是汾阳话，他们读着亲切。

“嗨，我早就知道啦！”在村里，提起《三年早知道》，人们都要调侃着说出这句话。《三年早知道》是以村民宋玉良为原型写出的一部短篇小说。宋玉良人品好，就是爱吹牛、好逞能。别人说句什么，他常说：“我早三年就知道了！”“知道就这么回事！”马烽抓住了这个特征。村民们一看，直笑。

宋玉良有点儿生闷气，后来自得：“我提供的素材呢！”

宋玉良、宋玉柱、孙汝槐……村里的一代人走出了时间，但他们的影子在书里。中国社会科学院文学研究所研究员何吉贤曾概括，马烽的小说以“爱抚的幽默与宽厚的讽嘲”，塑造出一系列形象鲜明、令人印象深刻的农民形象。

穿过人声鼎沸、汇聚小吃和手工艺品商店的贾街，望见6座仿建的老式洋房掩映在葱茏花木里。这是贾家庄的“村中村”——作家村。洋房被唤作焕章别墅、徽音水坊、正清金屋……以纪念20世纪30年代在汾阳生活工作过的冯玉祥、林徽因、梁思成、费正清等多位历史文化名人。徽因水坊门口，放大了一幅梁思成在汾阳拍摄的老照片。年轻的林徽因仰首细观，右手轻抚着露天盘坐、低垂眷顾的明代铁佛，两厢凝视，仿佛交流。

我们采访的时候，中国报告文学学会副会长、报告文学作家王宏甲正好在作家村采风。2016年在中央电视台大型纪录片《长征》中担任电视总撰稿，2019年出版《中国天眼：南仁东传》……王宏甲很忙碌。但近5年来，他每年都要来贾家庄，短则一周，长则二十来天。“贾家庄的水是从十公里以外引来的。你们进村时瞧见那水塔了吗？……”他在当下日常中，发掘着贾家庄发展道路的样本意义。2021年《人民政协报》整版发表了他的调研稿《贾家庄乡村振兴启示录》。他说，正酝酿着以贾家庄为主题写一部长篇纪实文学。

再次从乡村出发

贾家庄夜色温柔。道旁的柳树把枝丫举得很高，柳条如瀑，半轮月挂在枝叶间，朗朗地亮着。

中国第六代导演领军人物贾樟柯在专著中写北京：“这座过于喧闹的城市，无法迎接幽冷的月光。”他想念故乡山西，“那里城池千年，一定明月高挂。”

汾阳是贾樟柯的出生地。好几年前开始，贾樟柯常会到贾家庄住上一阵，白天吃饭、聊天、打牌，晚上创作。2016 年，他在贾街上开了一家餐厅，以他的一部电影为名——“山河故人”。

我们遇上回乡的贾樟柯。他告诉我们，他的父亲第一次围观拍的电影，叫《我们村里的年轻人》。而他的第一次，则是马烽编剧的电影《泪痕》。贾樟柯的不少电影，也在汾阳、在贾家庄取景。“文化是很奇特的一种缘分，不知道以何种形式在影响着人。”他说，“大概是在六七年前，邢万里说希望我能回来做一些事儿。要延续这个文脉，我能做的就是把电影引入。”

在贾樟柯策划下，贾家庄利用旧的车间厂房建起了贾樟柯艺术中心、种子影院、新浪潮书店、山西电影学院汾阳教学实训基地。村内挂着多幅第七届“86358 贾家庄短片周”的海报，

山西省汾阳市贾家庄种子影院里的书店。李健 摄

它已逐渐成长为国内电影短片展（周）的重要平台之一。

2019 年 5 月，贾家庄成功举办首届吕梁文学季。莫言、苏童、余华等 60 多位文学大家齐聚贾家庄，出席颁发“吕梁文学奖”和“马烽文学奖”，讨论“从乡村出发的写作”。这个讨论主题，非常“贾樟柯”——在他的电影里，离去和归来是永恒潜在的主题。

贾樟柯阐释：“村庄和文学有着天然的衔接。马烽几乎所有的重要作品背景都在这个地方。我们要寻找文学的根脉，所以决定在这儿举办文学季。乡村也是中国最广阔的生活场景，但是它在当代文化里面出席太少。我们希望重新唤起人们对于我们最广阔的生活场景以及在这个空间里存在的生活情况、问题的凝视和回望。”

文学季后，贾樟柯制作了纪录片《一直游到海水变蓝》。马烽的女儿段慧芳与作家贾平凹、余华、梁鸿一起，回顾时代变迁中的个人与家庭，讲述文学与人生道路。这暗含着中国乡村的巨变史和中国人的心灵史。贾樟柯透露，文学季因为疫情停了三年，现在正在筹备下一季。

山西省汾阳市贾家庄村，绿意盎然的田野。李健 摄

“来贾家庄，是共同的回乡。”在文学季的讨论中，作家苏童说，“这次回乡我们是来创造生灵的。”

如何“创造生灵”？如何变革、开辟新的乡村未来？这是“乡土中国”抛向每一代作家的问题。60 多年前的贾家庄里，马烽把视线聚焦于“我们村里的年轻人”——中国第一代有文化的农民。

60 多年后，这个问题面临更复杂的变量——巨大的城市化浪潮。

但有人相信，贾家庄的村史本身就指涉了一种未来。环顾这座村庄，诗人欧阳江河说：“贾家庄是一个地道的乡村，但又是一个带有城市花园性质的风景很好的乡村……我觉得中国的农村如果按照这个方向发展，它不光是对中国自己的一个启示，也是对全人类的农耕文明怎么和城市文明互相转换、互相结合的一个启示。”

【采访手记】

走近“作家中的实干家”

◎廖慧文

初听马烽的名字，是在文学史里。“山药蛋派”，冒着泥土气息的名称下，他被放在那里。再听到，是在电影《一直游到海水变蓝》，他的故事第一个出场。

马烽的面貌还是模糊的。直到我在他家的屋檐下蹲了蹲、坐了坐，才感到靠近了他一点儿。

作为“人民作家”，马烽的生活底子是扎实的，他的作品被誉为“中国乡村40年发展的晴雨表”。而更难能可贵的是，他不仅是中国乡村的写作者、观察者，还是乡村改造与发展的参与者。从“改水治碱”奋战到“包产到户”浪潮下的道路抉择，他帮助了一个村庄在历史变革中完成转身。我愿称他为“作家中的实干家”。

优秀的作家是社会的智者。因此，现任村党委书记邢万里说：“希望作家、艺术家介入乡村，给我们启发。”这是经验之谈。

一片土地被文艺成功诠释后，也被赋予更丰厚的意蕴。采访中，武士雄说："有个五六十岁的丹东人来找我，一来就问马烽的事。"新浪潮书店里，我偶遇了云南青年李永生，他到太原出差，特地赶来贾家庄逛逛。

我望向莫言题字的"种子影院"。"文化是很奇特的一种缘分……"我又想起了贾樟柯的话。马烽拍电影，给一个围观的汾阳孩子埋下了电影的种子。这个叫贾樟柯的孩子以回望故乡的姿态走向了世界，又带着他的世界回到故乡。

贾樟柯对我们说："既然我们那样被影响过，那么，我们可能也会影响到一些人。"

他身边，站着一个汾阳小伙，主管着"86358贾家庄短片周"。

我问，你是不是贾家庄人。

他笑，我是贾家庄的荣誉村民。

第七篇

秦岭『边城』醉秦腔

◎易禹琳　黄煌　蔡矜宜

扫码看本集视频

陕西省丹凤县棣花古镇。童迪 摄

【文学原乡】

我们清风街是州河边上最出名的老街。这戏楼是老楼，楼上有三个字：秦镜楼。戏楼东挨着的魁星阁，鎏金的圆顶是已经坏了，但翘檐和阁窗还完整。我爹曾说过，就是有这个魁星阁，清风街出了两个大学生。一个是白雪同父异母的大哥，如今在新疆工作，几年前回来过一次，给人说新疆冷，冬天在野外不能小便，一小便尿就成了冰棍，能把身子撑住了。另一个就是夏风。夏风毕业后留在省城，有一笔好写，常有文章在报纸上登着。

…………

清风街的人差不多都在戏楼下，中间有条凳的坐了条凳，四边的人都站着，站着的越站越多，就向里挤，挤得中间的人坐不住，也全站在了条凳上。人脚动弹不了，身子一会儿往左侧，一会儿往右侧，像是五月的麦田，刮了风。

——摘自贾平凹小说《秦腔》

“一条龙脉，横亘在那里，提携了黄河长江，统领着北方南方，它是中国最伟大的一座山，当然它更是最中国的一座山。”贾平凹这般形容他家乡的山脉。

越武陵、飞三峡、过巴山，我们的眼睛始终追寻着那条分割了中国南北的山脉——秦岭。

如此苍茫磅礴，我们在高空越过它，降落在北麓的关中平原，又在高速公路上穿越它轰轰而来的 40 多个隧道，往南，抵达陕西商洛市丹凤县棣花古镇。

这是贾平凹生活了 19 年的故乡，也是他获茅盾文学奖的长篇小说《秦腔》的原型地。

一落地，我们就不辨南北了。

四面垂杨千亩荷，2023 年的 9 月，仍红花摇曳，鱼游莲动。小桥流水，园林曲径，分明是江南水乡，哪是尘土飞扬的秦川？

四山环抱一盆地，以为误入江南，却又见满街的油泼面、牛筋面、浆水面、荞面饸饹、烩菜招牌。老人嘶吼起秦腔，慢悠悠地说，这里也种水稻吃莲菜。

暗夜，流经棣花的丹江哗哗作响，它从秦岭发源，又在高山峻岭中左冲右突，执意要汇入汉江。曾经，棣花北连秦晋，南连吴楚。

承认吧，南北交融的棣花，小麦和水稻养育的秦人，秦岭和汉江滋养的秦腔，和贾平凹一样，有着迷人的多面性，引诱你深入探寻。

一条街，死而复生

真的有条清风街啊！

初秋，抱本《秦腔》按图索骥的女子看到清风街的牌楼连连惊呼。

走进去，一条水沟映照流云，柿树硕果累累，葡萄丝瓜搭起凉棚。更多人在大呼小叫：大清堂药铺、白雪家、引生家、夏风家、万宝酒楼、武林豆腐店……和《秦腔》里一模一样。

游客们抢着和夏风、白雪的雕像合影，饭店老板漫不经心地说，他爸就是《秦腔》里的铁匠。向人问路，一不小心就遇到了《秦腔》里的慢结巴。而那位拿着话筒主持夏风、白雪婚礼的上善就是街口的李百善老人，他能说会道，还一一考证了《秦腔》里 60 多个原型人物。

真的有条清风街？

清风街东牌楼泄露了秘密。一副对联挂两边：“清风徐来，犹见商於汉唐柳；秦腔乍起，且醉棠棣宋金人”，落款“平凹书”。

棣花本没有清风街，2014年9月28日，棣花古镇景区开园，仿《秦腔》里的清风街，“复制”了眼前这条街。

清风街原名棣花老街，贾平凹的童年就在这里度过。在弟弟贾栽娃的记忆里，20世纪80年代，土地承包了，老街变得繁华喧闹。然而，随着312国道改建北移，棣花老街逐渐冷清寥落。“老街地势低，很多人都慢慢地搬走了。1995年之后，基本就腾空了，最少的时候，只剩三五户人住在那里了。”

贾平凹回忆：“我站在老街上，老街几乎要废弃了，门面板有的还在，有的全然地腐烂，从塌了一角的檐头到门框脑上亮亮的挂了蛛网……街面上生满了草，没有老鼠，黑蚊子一抬脚就轰轰响。”

棣花老街死了。2003年春天，贾平凹怀着迷惘和辛酸，以棣花老街为原型，用一年零九个月，写出了《秦腔》。他怎么也没想到，他为棣花立的这块碑，竟然让棣花在10年后又复活了，变成了一个4A级景区。

2013年11月3日，精准扶贫的春风从武陵深处湘西十八洞村吹来，唤醒了棣花。

棣花老街摇身一变成了清风街。跟清风街一起活过来的除了戏楼、魁星楼、二郎庙、娘娘庙，还有更久远的棣花驿和宋金街。

汉，它是丝绸之路上商於古道的棣花驿所在地；唐，白居易、韩愈、李白、杜甫、贾岛、杜牧、李商隐等的身影飘过。“遥闻旅宿梦兄弟，应为邮亭名棣华”，白居易三过棣花留诗，他见过古镇仍开得黄艳的棣棠花。清风街上复建了棣花驿和白居易的居所。

到南宋，这里又是宋金议和的地方，一条宋金街用迥异的地砖划分了边界，棣花有了“边城”之称。如今，二郎庙、宋金街、宋金桥、宋金古井修复成了景点。千亩荷塘边，《棣花印象·宋金往事》大型实景情景剧演绎了那段历史，看得人千肠百转，热泪盈眶。

成了清风街，棣花人不再急着去城里找营生了。就在街上开家饭店、酸奶店或客栈；在游乐场卖些玩具；在桥边卖些农产品和手工艺品；在景区做保洁或保安；把房子租出去，一年也有好几万元。过去玉米秆乱堆乱放的棣花，现在变成了花团锦簇的公园，人也变得文明了，老年人都听得懂普通话了。

比起棣花老街，清风街是见过世面的。棣花人笑言：过去外地人在老街踩个脚印，棣花人都要盯上半天，现在十几个国家的人都来过了。不信？周家酒坊和李百善老人家里，就挂着主人和外国人的合影。

2023 年的暑期，25 万游客来过棣花。他们在荷塘边、摩天轮下打卡拍照，兀自喧闹。棣花人在清风中开店、打盹、聊天、看孩子做作业。晨起，在荷塘边舒展腿脚；入夜，在桌球室挥几杆。

丹凤县棣花古镇清风街，游客在老街参观打卡。 童迪 摄

“棣花街是月，清风街是水中月”，当年，刚完成《秦腔》的贾平凹心中悲凉。如今，皎皎明月下，棣花大舞台上，年轻人在欢快地唱歌跳舞搞直播。

眼前的清风街，是鲜活而可触摸的幸福日子。

一条路，曲折向前

在棣花，时常以为在梦里。

刚在葡萄架下和棣花人聊收入，突然，耳边传来一阵笑语，几位身穿汉服、头戴点翠的女子，打着油纸伞，迈着细碎步子轻盈路过，恍如诗词中记载的千年前那双颊绯红的“巧笑东邻女伴”。

这是梦境，还是穿越？

我们所在的这块秦地，春秋战国时期便是连通秦楚两国的商於古道。唐宋，诗人们在这条古道上奔长安、下江南，用五百多首诗词为沧桑古道平添许多风花雪月。

千年后，有文坛“鬼才”之称的贾平凹，却在 19 岁前没有走出过棣花街方圆 30 里。家里没得吃没得（柴）烧，他拼命想脱掉农民这身皮。1972 年，他终于被推荐上了西北大学。天蒙蒙亮起床，坐长途客车翻越秦岭，下午五六点他才能到西安。

说起棣花的路，棣花人记得清楚：“原来是土路，后来把路加宽。再后来修桥，弯道取直。2004 年开通了火车，2008 年修了高速公路。”

贾平凹的创作之路，同样历经曲折。他先是在西安逮到什么写什么，后来跑遍商洛六县一区，出版散文集《商州初录》，在全国叫响商州。这时候的贾平凹，终于承认“找到了自己，找到了文学”。

他在文学的道路上翻山越岭，截至 2023 年上半年，仅长篇小说就创作了 19 部。32 岁写《商州》，33 岁写《浮躁》，41 岁写《废都》，带来国际声望和市场，也带来巨大的争议。

“用他的话讲，每写一本书都不是很满意，还得继续写。2008 年，他获茅盾文学奖后，特意拿了一本《秦腔》在坟前烧给了父母亲。”2023 年的秋天，在贾家老宅里，弟弟贾栽娃这样告诉我们。

在弟弟的眼里，哥哥写的所有的书，里面都能找到棣花的影子。为了写《秦腔》，哥哥回来不止十回。贾平凹坦承，为棣花写的《秦腔》是他最想写的一部书，也是最费心血的一部书，手写了四稿。看到村庄的凋零，他关了门窗，在惊恐中写作：“我不知道该赞颂现实还是诅咒现实，是为棣花街的父老乡亲庆幸还是为他们悲哀。”

贾栽娃记得，《秦腔》写好有两年，贾平凹不愿意让棣花人看到，怕看了之后理解不了，也不知道《秦腔》的出版对棣

贾平凹小说里的人物原型之一刘高兴。童迪 摄

花人是不是好事。

所幸，路虽曲折，但一直向前，时间给了贾平凹的担心一个否定的答案。

2009 年，贾平凹写《从棣花到西安》，这次，高兴溢于言表。一条高速路，让回乡时间从一天缩短到一个半小时。“从此，我更喜欢从西安回棣花了，给我弟打电话说我回去，我弟放下电话开始擀面，擀好面，烧开锅，一碗捞面端上桌了，我正好车停在门口。”

一条路，连通棣花老街和外面的世界，贾平凹从这里走出去，也有人因为贾平凹而归来。

在棣花古镇，各种标志引导你去往高兴家，离贾平凹老宅50米下坡就是。刘高兴是贾平凹的小学同学，是《秦腔》里的书正，也是贾平凹长篇小说《高兴》和同名电影中的主人公原型。

20年前，年过半百的刘高兴，只身前往城里“收破烂”。贾平凹前去看望他，深受触动。2007年《高兴》的出版，2014年清风街的复活，创造了一条让刘高兴回家的路。

如今的刘高兴家，成了棣花一景。在他和贾平凹“哥俩好”的合影下，他正在练怀素的草书。这些年他卖字，也卖他那本《我与平凹》的书，他笑说：“贾老师搭台，让我们这么胡蹦。”说起如今的收入，他笑得更欢：“比打工强，高兴更上了一层楼。”

和刘高兴一样回到清风街的，还有农家大院的青年老板李永奇。今年秋雨打荷的中秋国庆假期，他家的葡萄架下坐满了客人。他原在商洛市区开火锅店，2016年果断回家创业。在家门口守着父母孩子，他的日子过得自在从容。

循着那条高速公路，因精准扶贫和乡村振兴好政策飞来的，还有两只“金凤凰”。

在贾平凹的记忆中，棣花九山半水半分田，“美丽而不富饶”。现在，沿着新修好的环山路、石板观光路、游步道，可通往一年四季都吸引游客的“核桃主题公园”和有百年酿酒技艺的“丹凤酒庄”。

游客们刚在这里过了核桃节和葡萄酒节，山上向日葵地里又在举办“向阳而生·嗨翻棣花”的田园音乐节。游客多了，更多棣花游子也回家了。

奔着美好的生活，棣花一路向前。

一眨眼，贾平凹写作50载了。一路走来，从最初的儿女情长、恬淡散文到为故乡树碑，为秦岭立传，他和故乡的情感越来越紧密。

“我从棣花来，生在那儿，根在那儿”，“努力写好中国文字的每一个句子”，2023年9月27日，贾平凹第20部长篇小说《河山传》首发《收获》杂志，讲的就是1978年至2020年几代进城农民的故事。

一出戏，天天上演

平凹之家安安静静，除了几名游客。

旁边的贾平凹文学艺术馆，门上挂把锁。

等到春节，等到贾平凹回来，这座普通的四合院就会挤满八方来客。贾平凹文学艺术馆也在等待升级。

170公顷的棣花景区开园已9年，如何让它独一无二？商於古道文化景区管委会丹凤办公室副主任马锋心中有答案：独特的棣花文化。

在“贾平凹（名人文化）、宋金街（边城文化）、棣花驿（驿站文化）”这三种还需深挖的棣花文化中，马锋把贾平凹排在第一位，景区的建设将以他为引领。

看吧，新的“文学故乡——我从棣花来”平凹文学馆已完成设计，很快将以最新的科技手段展示贾平凹的漫漫文学路和文学成果、文学研究，举办各种大型文化活动。看吧，文学广场、文学驿站、平凹书吧，一切都会有，一切将更丰满。

秋风拂来，桂花香、荷花香、葡萄酒香熏得游人醉。

然而，一丝怅惘仍在心底升起，那是什么呢？秦腔！

清风街的周家酒坊里好大的八个字“喝包谷酒，吼秦腔戏”；在小说《秦腔》里，一条叫“来运”的狗都会唱秦腔；在贾平凹的记忆里，20世纪80年代，冬天的月夜下，棣花人在地里忙活，田堰上放着旱烟匣子和收音机，收音机里声嘶力竭地吼秦腔。

何况贾平凹说过：“京，豫，晋，越，黄梅，二簧，四川高腔，几十种品类；或问：历史最悠久者，文武最正经者，是非最汹汹者？曰：秦腔也。”

在秦地，踏秦川，对秦岭，怎能不听秦人唱秦腔？

在棣花的戏台上，我们到底听到了秦腔。这是一出丹凤县剧团新创的全新情景剧《秦腔》。它将小说《秦腔》和戏曲秦腔相融合，讲述了清风街的故事。秦腔一吼，在景区转悠的游客全围过来了。

1988年出生的任婷，如今是丹凤县剧团的“台柱子”。她

10 岁开始学秦腔，练童子功。作为中国最古老的戏曲，任婷最迷恋秦腔“表演高兴时可尽情夸张，活泼欢快，表演痛苦的时候，又能让人直接哭出来，一把到位”。

然而随着流行文化的冲击和娱乐方式的多样化，近几年，任婷登台唱秦腔的次数明显变少。丹凤县剧团团长宁中有细道曲折：“秦腔演出成本高，演一场需要十几个人组成的乐队和妆服，歌舞类演出成本低得多。”

不过，这几年，他明显感到轻快的歌舞越来越难以打动观众了，秦腔却愈来愈受欢迎。2023 年，剧团又排练了 8 个秦腔折子戏，全是《三娘教子》《三对面》《苏三起解》等经典剧目，随时可以登台演出。

以一场喜事开场，一场丧事结束，对秦腔贯穿始终的小说《秦腔》，贾栽娃看得明白：“《秦腔》其实是写棣花镇的变化，写陕西农村的变化，进一步映射全国农村的变化。”

小说《秦腔》中夏家“仁义礼智”四兄弟先后离去，一辈子痴迷秦腔的夏天智去世时，村里抬棺的精壮小伙都凑不齐了，白雪泪流满面唱了一段秦腔。《秦腔》被视作中国传统农耕文化的一曲挽歌。

2008 年，陕西省戏曲研究院成立 70 周年，贾平凹用一幅四尺整张的大字寄语：“秦腔万岁”。

是啊，秦腔怎会消亡？党和国家越来越重视，优秀的传统

丹凤县棣花古镇清风街夜色。童迪 摄

文化怎会消亡？

在棣花古镇丽呈别院，比起多所高校的文学创作基地，一个乡土文化研究院的招牌更为醒目。退休的贾栽娃当了院长，费神又费钱地拢起百十人，挖掘整理百年《棣花记忆》，欲留给子孙后代，把棣花文化传承下去。

在古镇景区外，结合贾平凹的作品，“暂坐”广场和“秦腔”

丹凤县棣花古镇荷塘。童迪 摄

广场都在规划中。景城融合，文化和山水融合，实现全域旅游，全面振兴乡村的锣鼓点子催着棣花人往前奔。

吼出来的秦腔，穿越千年历史而来，霸气、豪迈、洒脱，透着秦人大苦中追求大乐的执着。棣花民居侧墙上都有的“吉”字窗，是代代棣花人对幸福生活的向往。

小说《秦腔》的故事终了，但棣花镇的日子天天上演，如水长流。

【采访手记】

一声喟叹

◎易禹琳

贾平凹旧居外，一块大石卧在那里，原是我们中学课文《丑石》里的“本尊”。“丑到了极致就是美”，这句话曾经颠覆了人们的审美，延伸出更多的思考。

有人说，丑石是贾平凹的自喻。读《贾平凹传》时，封面上他沉思的照片，沉重突兀得让人轻度不适。很多年前，电话里采访过他，那一口方言让人如听天书，他自有理由：普通人才讲普通话。

贾平凹不普通。他早早成名，27 岁获全国优秀短篇小说奖，33 岁获全国优秀中篇小说奖，后来美国法国的奖都得过。40 年来，对他的赞誉和争议从没消停，有时甚至是血雨腥风。但他并不理会，像跑“全马”的选手，只一个劲往前跑，每两年出一部长篇小说。

到了贾平凹的家乡，发现棣花更不普通。

一条街分两“国”，南宋和金的边界靠地砖分开，宋金井两“国”人饮用，其乐融融。

两座庙并肩而立，西是金大安三年（1211 年）建的二郎庙，东是清乾隆十八年（1753年）建的关帝庙，后者以仿造的姿态向前者致敬。

刘高兴出了一本《我与平凹》的书，成了棣花镇上比贾平凹还有名的名人，李百善正在写《平凹与我》，78岁的老人一字一句地在订正修改。

在清风街上翻开《秦腔》，对照那些写入书里的原型和对话，你会忍不住微笑，那些“鸡零狗碎的破烦日子”是多么美好啊，而痛苦和矛盾也许将永远伴随一个作家的创作之路。

叹一声，只有时间，能证明贾平凹洞察社会的超前和勇气，证明一部作品的价值。也只有时间，能拨开迷雾，让我们看清一条路通向何方。

第八篇

山南水北赋归来

◎易禹琳　龙文泱

扫码看本集视频

湖南省汨罗市三江镇八景村，云雾飘荡，景美如画。李健 摄

【文学原乡】

八溪乡只有四千多人，却一把撒向了极目望断的广阔山地，于是很多地方见山不见人，任雀噪和蝉鸣填满空空山谷。

…………

很多虫声和草声也都从寂静中升浮出来。一双从城市喧嚣中抽出来的耳朵，是一双苏醒的耳朵，再生的耳朵，失而复得的耳朵，突然发现了耳穴里的巨大空洞与辽阔，还有各种天籁之声的纤细、脆弱、精微以及丰富。只要停止说话，只要压下呼吸，遥远之处墙根下的一声虫鸣也可宏亮如雷，急切如鼓，延绵如潮，其音头和音尾所组成的漫长弧线，其清音声部和浊音声部的两相呼应，都朝着我的耳膜全线展开扑打而来。

——摘自韩少功散文集《山南水北》

洗了眼睛和耳朵，才去的汨罗八景村。生怕错过那些野生的笑脸，那些植物的密谋，还有人群中隐藏的“意见领袖”。

蓝墨水的上游是汨罗江。过江，遇见四场喜气洋洋的乡村婚礼，经八景村文化广场、乡村大舞台，车一声轰鸣爬上大坝。

眼前，就是那一片湖水。24 年前，它被韩少功一眼看上，从此半年住八景，半年住海南。

初秋的水，有些清瘦，但山色依然从清墨、淡墨、重墨、浓墨到焦墨，由远而近，层层绕着这水。水，蓝得让人心醉。

想射一支响箭，但湖中再也不会有快船驶出。2014 年，眼前这片巨大的蓝，由灌溉农田的水库变身为湖南省重要饮用水水源保护地；2018 年，它归属八景洞省级森林公园，禁了驾船和打鱼。

沿坝上的道路进山吧，乘着风，在绿浪中起伏，20 多分钟到达韩少功文学馆。

10 年，八景经历了怎样的巨变？24 年，一只南下北归的候鸟还会坚持多久？答案将在八景揭晓。

八景洞天与人间福地

是山风，是鸟语，还是那像听筒挂在电线上的丝瓜泄露了信息？迎面撞上几朵像牵牛花绽放的村民的笑脸，他们似乎早侦知我们的行踪：“你们来看韩爹啊！”24 年，著名作家韩少功已不知何时被他们从“韩主席”“韩老师”叫成了“韩爹”。

那一栋栋楼房或乡村别墅占据 C 位，彰显着主人的气派。韩爹的梓园藏在树木的浓荫里，蓝顶红砖，木门木窗木沙发，愈显素朴。

两相映衬，韩爹笑出了酒窝，也笑出了南瓜的味道：我想要和他们打成一片，结果他们的房子越盖越好，不愿跟我打成一片。

当然，韩爹那辆捷达也曾风光过，作为八景第一辆私家车，村民嫁女娶媳妇都想到了它。暴雨之夜，它还让韩爹当过送医的“韩师傅”。年轻人常围着它打转转，韩爹说：不着急，20 年后，你们每个人都会有。10 年后，一次开会，车停了半个操场，倒把韩爹惊着了。现在，20% 的人家还不止一台，兽医站范瑞希家就有两台。

可搁在 20 年前，韩爹的话谁信呢？村民和活猪活牛出行，全靠湖上的机船“突突突”接送。几年后修了一条进山的小公路，山体滑坡，韩爹的爱车在野地里困了半个月，等公路修通才回家。

“病了靠人抬，木材靠人肩，树都老死在山里。”说起从前的路，原八景乡智峰村（现八景村智峰片）党支部书记兰和凤就摇脑壳。他原住在司鼓台进去很远的山冲里，去乡政府开会靠两条腿走路。

司鼓台，相传关羽在此铸成青龙偃月刀，在智峰山巅初试大刀时，乡民云集，为关公击鼓助威。2009 年，一个长乐镇人来买树，经过司鼓台窄窄的木桥，连人带摩托飞到沟里，正好被韩爹看到。他第二天就送来一沓钱，修了如今这座青石板桥。

一株老树守着石板桥，它的年轮刻进了路的记忆。2013 年，从湘西十八洞吹来精准扶贫的春风，桥边多了一条土路。2015 年，韩爹帮着送报告，3 个扶贫单位来来去去，土路变成了水泥路。2022 年，路拓宽了，铺了柏油，少了灰尘。

不时有笑声飞上树的枝丫。校车、旅游车、卖服装的车涌进来。山里的古树、岩石、瀑布成了景点；村民把山货、刁子鱼变了钱，买了车，修了楼房。老师愿来山里了，村里每年都出大学生。

八景人，谁没受过路的苦呢？ 80 后的八景村党总支书记范磊，说他的父亲就因出山就医难落下腿疾。现在，范磊熟悉每一米八景的路：2018 年，全村 5.7 万余米道路硬化了；2019 年，路灯亮了；2022 年，主路全变成了柏油路。2023 年，路边新栽了景观树，公交线路又延伸了 5.6 公里。

汨罗市三江镇八景村，韩少功（右）与村民在一起开心交谈。李健 摄

过去，八景人去城里打工；现在，八景成了城里人的诗和远方。

白天，爬山看湖，穿越稻田菜园。而夜晚，是城里没有的真正的夜晚。月亮在云层里穿行，星星挤挤挨挨，虫声多了好几个声部。

湖边院子里两个姑娘在唱歌，歌声飘到了韩爹题字的八景文化广场。高处的灯光球场，少男少女青春飞扬。或干脆去三江镇体育馆看一场超燃的“村 BA”球赛，为八景队加油。2023 年 8 月 16 日晚，6 个村 10 支队伍已赛了 5 天，比赛现场如火如荼。第二天，照片就上了《人民日报》。

韩爹那些想看真正的中国南方农村的外国朋友还会来吗？湖边，一栋闲置民居前，韩爹正和三江镇党委书记胡宁一同扯下红绸布，“枣香别院”正式开张。“八景洞天”系列民宿品牌又添新成员。

韩爹笑眯眯地把每间房子都看过。曾经，他的客人、英国汉学家蓝诗玲住在八景村民家，被旱厕吓得花容失色：“有动物！有动物！”如今，八景人想让韩爹的外国朋友们见识一下生态厕所。四格化粪池，发酵的粪水可直接被水生植物吸收。

八景人把房前屋后打扫得干干净净，垃圾分类也实行了好几年。你去 2019 年开张的家味馆吃饭，上菜的童老板穿着时尚，像要去走 T 台，他的小儿子会弹钢琴会跳拉丁舞。

徐稳根是《山南水北》里“船老板”的原型，承接过韩爹好几次“涉外”业务，善用“普通话”和外国人交流。外国人都讲了啥？他不容置疑：都讲我们这里是人间仙境！

周秋香是《山南水北》里“妇女主任”的原型，她快人快语：韩爹讲，再修个大型超市，八景村就是人间福地！

八景人骄傲得很。

自己人与朋友圈

透过绿树，阳光洒满梓园的小径。

75 岁的兰益祥骑辆红色的摩托“回访”韩爹，摩托前搭条毛巾，挂个保温杯。“韩爹两公婆前晚抱个西瓜来我家，我笑他，你又来我这里取材啦？”作为《山南水北》里“意见领袖”的原型，他最喜和韩爹聊国际国内形势。

“一身劳动布，一双黄鞋子，一口的笑，和 2 岁到 102 岁的都有话讲。”这是兰益祥也是八景人共同的韩爹初印象。但 2000 年，听闻 47 岁的韩爹要在八景长住，八景人满腹疑问：莫非犯了事？来躲债？

很快，韩爹就打消了他们的疑虑。

一个大作家大干部，开荒、挖地、挑粪、种菜，和他们一样黑汗水流，讲着和他们一样的方言，抽他们一块三一包的芝城烟。

慢慢，八景人发现，他们不止多了个邻居。

韩爹最近的邻居兰龙辉，是《山南水北》里“龙老师”的原型，韩爹请他当向导，两人翻山越岭，走遍了八景的每个角落。

梓园和八景学校一墙之隔。一到开学，韩爹的夫人梁预立拿个钱袋子守在收费处，帮交不起杂费的孩子补齐。韩爹捐钱修水池、买鼓买号、建阅览室、编校本教材，“六一”给孩子发奖品。

八景的敬老院，韩爹是常客。每逢中秋，送衣服送月饼送钱。院长曾平球记得韩爹的嘱咐：多少个老人，就是多少个父母。那年韩爹回海南前，见老人垫被有些薄，去汨罗城里，给每人加了一床海绵。

从八景学校到智峰佛果寺的山路，自古梯危径险。现半山一亭，亭前一碑，上刻《佛果路记》，正是韩爹手笔。2004 年春，这条“登峰绕谷，破石穿林”5 公里的路初成，方便了数千亩山林的护育和学生上学，现在又惠及前往佛果寺及智峰山滑翔伞基地的游客。

“龙老师”兰龙辉带我们在八景转，这条路那座桥，这栋屋那条渠，这家博士那家硕士，都和韩爹有关。

桩桩件件，八景人在心里盖了戳认了证：韩爹是“自己人”。

韩爹把自己看成八景人，八景的党员干部，都遭受过他的灵魂拷问：精准扶贫，你准备怎么扶？乡村振兴，你准备怎么兴？

上头有党的十八大以来的好政策领着，身边有韩爹这样一位义务监督员赶着，八景的干部同心谋发展，走路打飞脚。

绿水青山就是金山银山。那湖碧水是汨罗市 40 万城乡居民的饮用水水源，划不得船、养不成鸡鸭、办不了厂，八景人尽

汨罗兰家洞水库　资料图

心守护，发展休闲旅游。八景有养蜂的历史，就在那青山上种了成片的蜜源林和油茶林，成立了养蜂合作社和云上景油茶合作社。

2019 年八景脱了贫。全村 880 户人家，通了自来水，改了冲水式厕所，只闻花香，没了粪臭。农家书屋、乒乓球室、篮球队、舞蹈队、舞龙队、鼓队一应俱有，文体生活丰富多彩。

当然，梓园的客厅里，少不了干部跑进来，愤愤控诉村民“屈原都要被他们气死”，但一碰到韩爹的笑脸，气就消了。韩爹面授机宜：脾气性格要摸透，思想工作要先行，乡村工作要耐得烦。

离梓园 50 米处，有一座 2021 年 9 月开馆的韩少功文学馆，由村小学危房改造而成，陈设简单。天南地北的文学大家们称其是“全国最寒酸最有特色的文学馆”。

在这个馆里，浓缩着韩爹在汨罗 10 年的“下乡”生活，他从“寻根”“下海”到“回湖”的风风雨雨，他享誉海内外的文学成就。

“人们无论走到哪里，都没法不时常感怀身后远远的一片热土。”“接近土地和五谷的生活，难道不是一种最可靠和最本真的生活？”“当不了太阳的人，当一只萤火虫也许恰逢其时。”文学馆墙上这三幅字，也许解释了韩爹为什么要来八景，又为何事事躬亲。

湖南省汨罗市三江镇八景村的韩少功文学馆。李健 摄

“原本只是找个山清水秀又安静的地方养老写作，后来就变成了一种生活方式。”韩爹说，一到春天，夫人就催他来八景。

在八景，韩爹怡然自得。他打理菜园果树，身体好；对话山水日月，心情好。有了宽带，他晴耕雨读，却照样连通世界。最让韩爹意外的收获，是多了一个乡村朋友圈。

这个朋友圈，与城里单一的知识圈相比，是如此丰富。一个七旬老汉会思考爱情和友情的区别；天上打雷会让人们赶紧检点自己的孝行；每个村都会有一两个语言天才，开口就是“脱口秀”……八景为韩爹打开了一个乡村新世界。

在八景，不愿落入文学“排污管”的韩爹，创作了《山南水北》《暗示》《报告政府》《大题小作》《修改过程》《日夜书》《人生忽然》等作品，收获颇丰。

“汨罗模式”与“两南”

“楚人肚量大，湖南好汉多”，“文学根何在，龙舟下汨罗”，韩少功文学馆的大门旁，摘抄了两句莫言为韩爹写的诗。自两年前开馆，这里接待了 5 万多人（次），坐实了“汨罗文学新地标”的美誉。

每天，馆长兰龙辉打扫、讲解，接待游客和团队，忙不赢。

2023 年 8 月，岳阳市作协主席舒文治及潘绍东、魏建华、蒋人瑞、黄灯、逆舟等作家，再次来文学馆汲取养分。他们已形成极具地域特色的“汨罗江作家群”，结伴闯荡文坛。韩爹为他们每个人看过稿，提过修改意见。魏建华的《暗夜狂奔》，是韩爹在去国外讲学的飞机上修改的；四处打工的逆舟，韩爹用红蓝笔为他的文稿特别标注错别字和删改段落。

“假如韩少功没有来八景，我们会怎样？”舒文治敢肯定，

20 世纪 70 年代，因为条件有限，韩少功与妻子梁预立没有拍结婚照。这是知青朋友帮忙拍的“结婚照”。资料图

韩少功接受《湖南日报》记者采访。李健 摄

他们将是散兵游勇，会多走很多弯路，“汨罗作家气质”不会那么明显。是韩爹知行合一的大家风范，形成了强大的磁场，团结了他们；是韩爹教会他们，作家要直面现实、观察社会，有思辨精神。

如果说“乡村是中国作家的必修课”，韩爹已修了 2 次，共 34 年。

“韩少功开创的汨罗模式，是他的自主选择、自我需要。他过老百姓的生活，了解乡村和农民的真实世界。”湖南理工学院韩少功研究所所长杨厚均比较周立波、柳青带着任务深入农村、深入生活的写作，他认为韩少功的“汨罗模式”对于当下的文艺工作有重大价值。

偏僻的八景村，地图上的微点，因了韩爹，国内外不少作家来过。有人甚至想买地建房和韩爹做邻居，都被韩爹劝退。他深知在乡村居住条件的苛刻：性格喜静，身体要好，城里无牵挂，懂当地方言。

24 年，南下北归，多少次日升月落？

在智峰山上，韩爹手抚《佛果路记》石碑，忆起当年八方资助，村民节衣缩食，同心协力修路的盛况，怅然已逝 19 个春秋。在佛果寺前俯瞰，韩爹遥指云雾下的长乐镇——他夜行 70 里路往返挑竹子，总要在那喝一碗甜酒，一晃 50 年了。

人生忽然，时间走得太急了啊！

2023年因病了一段时日，韩爹8月才回八景，首次推迟了4个月。

8月16日，韩爹刚为“枣香别院”民宿揭了牌。8月18日，汨罗全市的基层文化干部又坐满了韩少功文学馆的教室。“蓝墨水”文化大讲堂请韩爹讲“文化自信”。韩爹从五四运动谈起，再到中西方文化对比，结合自己的“寻根文学”，勉励大家：现今国潮兴起，优秀的传统文化不断焕发生机，一定要坚定文化自信，脚踏实地，做好基层文化工作。

9月24日，文学馆又迎来了一场文学的盛会。“湖南与海南——韩少功文学世界的两个重要空间”研讨会在此举行，两省的文学家、评论家、学者汇聚一堂，探寻韩少功独特的文学世界，追问文学的现实意义。

韩爹的前面是一片湖，身后是一片海。

半年湖南乡村，半年海南城市。24年前，阳光打在梓园的小径上，韩少功就像英国诗人艾略特一样问过自己：你到底为什么要写作？

“城乡居民会遇到同样的人生难题。”今天，在世界和八景之间多次切换视角的韩爹，看得更通透。城乡也好，这个“南”那个“南”也好，其差异性不应被过于夸大。一个作家最好有一双透视眼，有超越时间与空间的关怀，不被地域的、阶层的、行业的、民族的身份所束缚和局限。

“文学到底在哪里出了问题？”韩爹反而希望大家都来反思：为什么文学现在“边缘化”？为什么“文青”“文科生”“中文系的”在互联网上被一些网友调侃？从生活方式和生活态度开始，我们应做出更多努力，争取文学再出发。对于文学在当下社会所处的局面，我们每一个身在其中的人，内心里应该有所不甘。

振聋发聩。谁说人生抗争不过岁月？“作家中的思想家”韩爹仍堪称“先锋”。

【采访手记】

远方的树

◎易禹琳

初读韩少功，是他的《远方的树》。虽时间久远，小豆子、田家驹、那棵杨梅树却一直刻在记忆深处。回想，是丝丝的酸甜和伤感。

近读韩少功，他的《山南水北》《人生忽然》，治疗内卷和焦虑，让人大笑，思考，排出信息淤积的毒素，通体舒爽。

走近韩少功，他总在笑，酒窝里、眼睛里都是笑。

在韩少功文学馆，请他当讲解员。讲起别人嘴里“苦滴滴”城里伢子“下乡”的生活，他在笑；讲起当年某位大人物对他文学“寻根”的批判，他在笑；讲起《马桥词典》打了一年多的“抄袭官司”，最后判他是原创，他在笑。那些人生中的台风海啸，他全一笑了之。

旁观韩少功，他总在主动选择，即使逆流而行。

35岁，在文坛冉冉上升时，他拖家带口去海南，全国最早一批试水“文化产业”，名动全国；47岁，正当盛年，他却又回到汨罗乡村，晴耕雨读。你以为他只是仿陶渊明和梭罗的隐居，没想到他完全融入，乐在其中。也有人想仿他，然而，应是视野、格局、大德和知识储备决定了韩少功在乡村的“收成”，他独一无二。

敬佩韩少功，他总是保持清醒，用智慧经营生活。

在海南，当杂志换来一袋袋钞票时，他坚决缴税20多万元。八景修路，想顺便延长一点到他家时，他断然阻止。他慷慨解囊、劳心费力做公益，但对私人做生意、批项目，一律拒绝。他告诉八景乡村教师怎么赚钱：身体健康就是赚钱，教好子女就是赚钱，警惕赶时髦就是赚钱，简朴生活就是赚钱，勤学多思就是赚钱。

韩少功就是一棵树。无论城市乡村，无论海南湖南，他充分地汲取营养，又慷慨地奉献出树荫和果实。

在八景，韩少功透露，因身体原因，也许他在汨罗的长住模式要改为探亲模式了。

有什么要紧呢？这棵远方的树，还会结出更多文学和思想的果实，供人类社会共享。

第九篇

漫水流淌望家山

◎曹辉　廖慧文　刘涛　胡雪怡

扫码看本集视频

湖南省溆浦县北斗溪镇，王跃文走过家乡溪水的跳桥。徐行 摄

【文学原乡】

漫水是个村子，村子在田野中央，田野四周远远近近围着山。村前有栋精致的木房子，六封五间的平房，两头拖着偏厦，壁板刷过桐油，远看黑黑的，走近黑里透红。桐油隔几年刷一次，结着薄薄的壳，炸开细纹，有些像琥珀。

——摘自王跃文小说《漫水》

从柚子树下望过去，望得见西边青青的豹子岭。豹子岭同村子隔着宽阔的田野，田里长着麦子和油菜。山上有很多野物，有狼、熊、豺狗、狐狸、野猪、野鸡、松鼠、野兔、黄鼠狼，凡叫得出名字的野物，山上都有。村里人到山里去，手上都会拿着家伙。东边齐天界不远不近，隔着万溪江，山重着山，起起落落，没入云天。南边的山越远越高，万溪江是从南边山里流下来的。北边的山在更远的地方，人在沙湾只望得见远村的树。

——摘自王跃文小说《家山》

溆浦在文学历史上的第一次亮相，伴随着一场连绵的雨雪。

公元前 296 年，从流放地回到朝廷不到 3 年的屈原，再次被放逐。他从楚都郢出发，辗转江南。后又经长江到达洞庭湖，溯沅江涉溆水，到达莽莽雪峰山北麓。

冬春之季，天色晦暗阴冷，高峻幽深的山中猿声不绝。这条水路一定道阻且长，屈原几近迷途。

他写下“入溆浦余儃佪兮，迷不知吾所如”。溆浦，从《楚辞》里流出来了。屈原在这里生活 9 年，一次次的行吟，让这片古楚属地，有了情。

20 世纪 60 年代初，作家王跃文出生在这里。“一个人受地域文化的影响是必然的、无形的，很多时候是不知不觉的。”他坚信，自小踩过的土地，必定印有屈原的足迹；溆水两岸的芷草和香兰，也必定是屈原采撷过的。

我们在草木松脆的时节前来。秋日的阳光无边无际，结构成溆浦骨血的山与水、被溆浦人称为“坪”的河谷，都洋溢在这份光热里。

在县城与王跃文会合，去他的老家漫水村。城景一晃而过，路沿着青山边缘延伸，我们对文学的热望潜滋暗长。

对于漫水村，确是在心里向往已久了。

再现故乡

青山四围，溆水河从南边的山冲下，冲出一块平坦宽阔、土壤肥沃的河谷。漫水村抱着一片金色的田野，躺在河谷里。村口有两个村名牌，“万水村”“漫水村”，指的都是这同一个村庄。

漫水村是古名。1957 年，当地干部认为“漫”字笔画多，遂改为“万”字。地名改了字，漫水人仍把“万水”读作“漫水”。2014 年，王跃文以家乡为背景创作的中篇小说《漫水》获得鲁迅文学奖，村子这才得以改回原名。

用几笔淡墨，《漫水》从容地还原了理想的乡村生活。小说里的余公公与慧娘娘，这片土地上的男人宽厚从容，女人聪颖爱美，他们呼应自然的生活方式、含蓄温柔的情感方式、相互守望的情谊，让读者感受到，脚踏着泥土的生活，也是精致且庄严的。

顺着路，车辆滑入村庄。漫水是个大村，《漫水》里两头拖着偏厦、屋角飞翘的木房子早已被高低错落的洋房取代，当中不乏“豪宅”。村民早已过上了更为便捷、舒适的现代化生活，

溆浦县统溪河镇雁鹅界，王跃文用手机拍摄家乡美景。徐行 摄

但村庄有村庄的时序——晚稻已摊在家家户户门口的地坪里，金黄耀眼。

“只要我有假就会回来，我最愿意待在家里。”王跃文反过头，对我们絮叨着漫水的种种。“我创作的养分百分之百来自故乡，我是个在梦里都回乡的人。”

下了车，我们小心地在一片片晒谷的狭窄通道中穿行。这是王跃文走惯了的小径，他走得不急不缓，还不忘细点着村里四时不绝的物产——稻谷、西瓜、甘蔗、柑橘……“人勤地不懒”，漫水人总是勤劳的。

可土地的慷慨、辛勤的劳作未必能换来温饱。王跃文回忆，他的爷爷奶奶老两口总共三条裤子，轮着换洗。一年冬天，从地里劳作回来的爷爷，在路边的稻草窝子里遇到一个裤子破得像渔网的“乞丐”，“乞丐”在寒风中冻得双腿青紫。一问，才知道他是过路部队的兵，得病掉队了。这兵荒马乱的年岁！爷爷不忍心，与奶奶打着商量，送出去一条裤子。“于是又不知要节衣缩食多少日子，他俩才能攒出一条新裤子！”

一阵风送来稻香。如今，勤劳能换来踏踏实实的富足。漫水村党总支书记王铁桥介绍，优质高山葡萄、优质大棚西瓜、无公害大棚蔬菜、优质柑橘、传统水稻种植，以及橘子罐头等产业兴旺，让村经济不断发展。漫水人日子过得挺括、朝气。

时代变幻，但村庄有熟悉的亲热。漫水以王姓为主，村民多是亲戚。王跃文辈分大，常有白发老人笑呵呵走上来，开口就是一声“叔”。他翻新父母旧宅后命名的“忍冬居”边，95岁的母亲精神健旺，坐着电动轮椅，在院子里溜达。“蛮管事。”王跃文不住地笑，“有时候一个人也打字牌，一缺三！”凌霄花开得夺目，他曾为这架花儿写诗：“草木无关人间事，总不问我归去来。”哪怕常年在外，他的目光也总为故乡的草树花虫流连。他说，生长在乡村是一种福分。

青年时期，这块土地对王跃文来说太局限了。“一个人出生以后，总有一个向外、向上、向远的求索和奔走的过程。我向往更远、更新、更大的地方。”他辗转溆浦、怀化、长沙，小说触笔的是他最熟悉的体制内人生万象，表现某种特定环境中的知识分子，审视和逼问人性。

中年以后，他的生命情感开始回流。在回望自己生命的历程中，他的笔触伸向了故乡，但基底依然是人——那些贴地而行的乡村人，他们的烟火日常及其种种秉性，他们在时代中的遭遇与变化。

村部里，有间明亮宽敞的漫水书屋，是村民和孩子们读书的地方。这是王跃文提议设立的，书籍由王跃文和他的作家朋友们捐赠。“这里有王跃文的所有书，我都看了。”第七村民小组组长王志钦是书屋常客。他年长王跃文 6 岁，几乎算是与王跃文一同长大。外孙已经上了大学，孙子在县城里上小学，

溆浦县卢峰镇漫水村，产业兴盛。徐行 摄

他手上农活不重，也乐得清闲，于是常来读书。“他写的乡土小说让我感到很熟悉、很亲切。这就是我们的漫水啊！这些生活我都经历过。书中的人物大部分我都对得上号，有的是综合了几个人的特征。”他对王跃文重现生活的能力吃惊：“有一些我都模糊了的事，他那时候不过七八岁，却还记得。”

王跃文觉得，他的童年生活正是文学职业生涯的远因。“乡下人的说话方式尤其具有文学性。我听村里很多人说话，开口就是文学表达，他们讲述一个平常故事，都是连带人物形象描述、情节交代和细节刻画的，绘声绘色、生动鲜活，细细琢磨都是很好的文学语言。这对我的文学语言及叙事习惯养成很有帮助。”

“我是乡下人，眼里就多了一个世界。我因乡下而丰富，我因乡下而局限。乡村是我的精神原乡，我为此心底妥帖。”他说。

沐光而行

王跃文的老屋对门，有一座唤作太平垴的平顶小山。满山松树下的黄土地，是漫水先人的最终安眠之地。“都要到太平垴去的！”这是漫水人劝慰自己和他人的话。想想人生生死大事，心态都要平和几分。

王跃文从树上折了一把松枝，轻轻插在父亲的坟前。随后，走向开阔处喊山：“哟嗬嗬嗬嗬……”他说，这是乡下人的号子。2022年，酝酿30年、构思近10年，洋洋54万字的《家山》出版。写的，还是故乡山水。这片土地这回叫沙湾，东边山叫齐天界，隔着万溪江，北边山更远……在风雨交加的20世纪上半叶，“家山”的乡野大地漫卷着炊烟日常，演绎着风俗人情，涌动着时代的波澜。

《家山》开篇便是一场残酷的械斗，舅舅杀死了亲外甥。这是有现实来由的——为了争水，漫水王姓同邻村经常打架，土枪土炮，大刀长矛，很是惨烈。有一年，打架打出了人命案，官司打到了县衙门。王志钦说，过去某个时期，广大农村因抢水灌溉而发生冲突的事件并不鲜见。当时，相隔不过一公里的两村互不通婚，连过年舞龙拜年都不过去。如今，千工坝灌区管理委员会统一管理水源，纷争解决，两村共同发展，过去的积怨逐渐消融。两村通婚，又结成了亲家；过年过节，两村一道热闹。

我们在村里遇到了王跃文的启蒙老师王新书。1971 年，他开始在村里当民办老师，每个月津贴 5 元。1984 年，他转为公办老师，目前已经退休在家，退休工资每个月有 6500 元。这对年龄相差不过 8 岁的师生，一见面就要“讲古”，讲起村里那本厚厚的族谱。

大概 10 年前，王跃文重新翻阅族谱，读到先辈修水利工程、倡办新式小学的故事，读到 1949 年祖父辈、伯父辈拉起革命武装迎接解放的故事，十分激动。

漫水村一位大革命时期参加地下党的老革命王楚伟，策动在县自卫总队任副队长的族叔王悠然，带回县警察中队和县自卫总队部分人、枪，再发动村里进步青年一起成立保乡护民自卫武装。王氏家族有钱的出钱，有粮的出粮，有人的

蓝天白云下，溆浦县卢峰镇漫水村，一幢幢农家小院错落有致，绘就了一幅乡村振兴的美丽画卷。徐行 摄

出人，有枪的出枪。不久，这支自卫队加入共产党地下组织领导的“湖南人民解放总队湘西纵队”，为解放溆浦立下功勋。

王新书回忆：“我们从小在村里面也经常碰到他们，他们看起来就是普通的老农。”

“是啊。当我意识到他们都是英雄的时候，他们都不在人世了。想到这点，我心里颇为不安。我有责任和义务把他们的故事写下来。这是我想创作《家山》最初的动机。”王跃文说。

王跃文研究了那个年代溆浦及中国各地乡村的很多史料后，小说的格局更为开阔了——他要写的，不仅仅是某个地方的故事，而是整整一个时代的中国故事。

沙湾村的烟火日常之下，是百年中国的风起云涌。

溆浦是老一辈无产阶级革命家向警予的故乡，她在家乡办学校、传新风、播火种，影响了当时溆水河畔的进步青年。《家山》中贞一等女性革命者便是那片红土地上典型的艺术形象。我们一起来到溆浦县城的向警予同志纪念馆，入口处矗立着向警予的全身像，年轻的她，正英姿勃发地迎面“走”来。穿过堂屋、主人房，就到了向警予的小小卧室，日光正从窗口斜斜照入。这位执着、倔强、富有激情，积极投身革命洪流的女性，至今还让无数人追怀。一群群人来到这里，开展红色研学活动。

“笔下的人和事都让我震撼、让我感怀。与其说是我塑造了小说中的那些人物，倒不如说小说中的那些人物时刻在洗涤我的灵魂。”王跃文对着向警予的雕像深深鞠躬，念起《家山》中扬卿对妻子瑞萍说的话：“假如哪颗星星死去亿万年了，它发出的光仍在奔赴我们的路上，我们世世代代仍被它发出的光照耀着。我们沐浴在前人的光芒里，这是宿命，也是福气。”

我们沐光前行。

白云之上

穿过漫水村，沿着 241 国道往南，约半个小时车程就能翻越大山，到达北斗溪镇。溆浦高铁南站坐落在这个镇里，两边的雪峰山蜜橘园缀满果实，集一年阳光雨露之力，蜜橘正由青转红。

王跃文的祖父、外祖父都曾做过行脚小贩。他们从溆浦挑着几十公斤装着蜜橘等土货特产的担子，走 100 多公里山路，去武冈贩卖。货脱手后，就地进些特产挑回溆浦，一般一个星期打一个来回，这个来回赚的钱，正好够家里一个星期口粮。而奶奶则在家织麻纺线贴补家用。每回爷爷跨进家门，头件事是摸摸米缸，看他出门这几天，家里人有没有饿着。

可这条山路并不太平，时有土匪强盗出没，不仅抢走货担，还要里里外外搜身。遇到这样的事情，钱没了，人受了好大惊吓，家里也只得吃点芋头的老茎根度日了。

溆浦思蒙风雨桥。徐行 摄

现在，行脚小贩已成为远去的行当。柑橘成为溆浦县“一县一特”主导产业，“溆浦脐橙”“溆浦蜜橘”品牌先后获批国家地理标志产品，全县柑橘面积达 20 万亩，年产量 18 万吨。县里专门成立了柑橘销售工作领导小组，主动对接各地电商企业，县内电商、快递企业和知名“大 V”、带货主播，帮助种植户和合作社销售柑橘。通过连村落、串果园的公路，溆浦农户种出的果子被轻松、快捷地送到了全国各地。2021 年，溆浦脐橙实现了自营出口，卖到了老挝。

路在盘旋，群山绵绵，白云自脚下冉冉升起。站在雁鹅界的观景台上，看重重叠叠的远山颜色分出层次。凉风舒爽，令人沉醉。王跃文说，《家山》里的沙湾村面临兵燹时，乡贤佑德公组织村民躲进山里的凉水界避难。凉水界，就是以雁鹅界为原型的。

这里山高路窄，因昔日有大雁栖息而得名，只有几个小村落分布，是寒冷贫穷的地方。现在，雁鹅界古村落纳入了溆浦穿岩山景区范围，已然成为景点。精心保护的 20 多栋古木屋被打造为非遗文化集市，非遗工坊里叮叮当当的声音不绝于耳——这是铁匠贺延爱和弹匠贺世华在展示打铁、弹棉花等老手艺。

湖南雪峰山生态文化旅游有限责任公司办公室主任谌许业说，实际上，这些产品已经没有市场，请他们“坐镇”，主要是为了吸引游客体验传统手工生产，每人每月发 2000 多块钱工资。现在更受欢迎的产品是专门针对旅游市场开发的侗锦、蓝染等文创产品，木制和竹编类手工艺产品，文创产品礼盒等。

那些曾经强盗出没、山高路远的地方，成了雪峰山文化旅游乡村振兴示范区。思蒙国家湿地公园、穿岩山国家森林公园、北斗溪研学基地、枫香瑶寨、山背花瑶梯田景区都在这一片示

溆浦县卢峰镇漫水村的田园风光。徐行 摄

范区内。王跃文的爷爷翻山抵达的邵阳有一处虎形山花瑶风景名胜，也被纳入雪峰山景区。湖南雪峰山生态文化旅游有限责任公司负责人表示，除了旅游公路之外，还将搭建起一条观景索道，把大山两边连接起来。

青山不改容颜，但山的子民换了面貌。

“乡村是最大的中国。”一方水土鼓涌于胸，王跃文缓缓说：“家乡越来越美了。现在乡村人的生活方式，都发生了很大的变化，这些点点滴滴都是应该书写的。乡村生活应该被保护，每一个普通的家庭、每一个普通的农民，他们生活的点点滴滴也都值得书写。”

【采访手记】

再识王跃文

◎曹辉

15年前，因为一场美丽的误会，我一直觉得王跃文架子很大不好相处，所以缘悭一面，直到今年5月在“中国作家协会作家活动周·中国作家益阳文学周”上才得以首次见面。这次他和我们一起去他的家乡溆浦探访“文学里的村庄”，几天的相处，彻底改变了我对他的偏见：原来他是一个很真、很善、很美的作家。

王跃文很真。他指着溆浦县委大院某间办公室，告诉我们这是当年他办公的地方，那些人那些事，多少年后都记忆犹新。他站在县委大院那棵老樟树下深情留影，告诉我们溆浦每一次重大行动都是从这里出征。他笔锋所触，皆是真人、真景与真情。曾在省市县三级政府机关工作过的王跃文很特别，他对机关的描写是真实而深刻的，使得读者在沉浸于小说情节时，能感受到那种与现实世界紧密相连的真切感。

王跃文很善。他长了一张善脸，乌眉宽厚有致，双瞳沉邃抚人，望向我的目光温暖和煦；唇方口正，说起话来和风细雨。他的“善”不仅体现在他的小说人物上，更体现在他的生活中。他笔下的善良人物，传递生生不息的精神力量，保存了诗与远方，唤起人们向上向善向前的力量。这次去他家乡采访，他兴致特别高，畅聊家乡的变化，大侃漫水人的精神。他全程出镜，有着男一号的“戏份”，却没有男一号的架子，在他的身上很难寻摸到文人的桀骜，有的只是我们对文学大家的敬仰。

王跃文很美。他的“美”贯穿于他的每一个字、每一个句子。他的文字如同故乡的山水一般美丽而动人。无论是《家山》还是《漫水》，都承载着他对故乡的美好回忆和感慨，这些都是他用文字展现给人们的美。他的语感与审美惯性让他在乡间田野、闾里村巷之中编织了一张美学之网，这种美是画卷之美，是人性之美，是哲学之美。他让纸张上的方言有了声音，让那些乡土群像有了灵魂，他把心头最柔软的角落留给了自己的文学原乡。

第十篇

『边城』山水 百年诗情

◎杨丹 廖慧文 刘瀚潞

扫码看本集视频

湖南湘西凤凰古城流光溢彩，游人如织。童迪 摄

【文学原乡】

黄昏来时翠翠坐在家中屋后白塔下，看天空被夕阳烘成桃花色的薄云，十四中寨逢场，城中生意人过中寨收买山货的很多，过渡人也特别多，祖父在溪中渡船上忙个不息。天已快夜，别的雀子似乎都要休息了，只杜鹃叫个不息。石头泥土为白日晒了一整天，草木为白日晒了一整天，到这时节皆放散一种热气。空气中有泥土气味，有草木气味，且有甲虫类气味。翠翠看着天上的红云，听着渡口飘乡生意人的杂乱声音，心中有些儿薄薄的凄凉。

——摘自沈从文小说《边城》

一个好事人，若从二百年前某种较旧一点的地图上去寻找，当可在黔北、川东、湘西一处极偏僻的角隅上，发现了一个名为“镇筸”的小点。那里同别的小点一样，事实上应当有一个城市，在那城市中，安顿下三五千人口的。

——摘自沈从文散文《凤凰》

我们要去湘西，沈从文的湘西。

越雪峰、逆沅水，钻入武陵的莽莽群山。

这群山，与从山中发源的汹涌激流，让身处中国腹地的这一隅成为与华夏其他地方互动上千年却依旧坚挺难移的边缘地带，成为一条沟通着云贵高原与江汉平原、洞庭湖平原的多民族接触交流的艰险走廊。

千百年来，这里“百蛮风古洞民多”，他们“饮食言语，迥殊华风”。直到 20 世纪初叶，这里仍然不通公路与铁路，与外部世界的沟通主要依靠沅水及其各支流。

路上遇得一场暴雨。墨云罡风，呼啸奔来。可我们终究是在车内好好坐着，干燥的，安全的。高速公路开山度岭、穿云越雨，我们毫无意外地在小半日光景中，走完了沈从文 89 年前返乡探亲时花了 12 天才走完的路。

别一个国度

云住雨收。挽着薄云的青山，夹住一条豆绿的沱江。依着山和水，湘西土家族苗族自治州西南角的凤凰古城里，生长出万家灯火。

站在南华大桥上，古城尽收眼底。“3、2、1……”临近晚上 7 点，人们倒数，按下手机和相机的录影键，古城的彩灯同步亮起，又一阵欢呼。古城里，数不尽的餐厅、酒吧和客栈，人潮汹涌，各种方言和欢笑声声入耳。旅拍的人们多选苗族服饰，一路轻跑着过江的时候，银饰叮当。

远处的青山腰上，一辆凤凰磁浮观光快线列车沿着半空的轨道，悠然地穿梭。这是中国首条旅游观光磁浮线路，一头连接着张吉怀高速铁路，一头连接着凤凰古城。宽大的车窗玻璃后，游客们一路张望，峡谷、沱江、古城不断映入眼帘。不到 30 分钟，他们便从高铁站抵达古城入口。

几重山外，高速公路、高铁、飞机还在源源不断地向这里输送游客。路边一条标语说，湘西正在打造“国内外享有盛名的旅游目的地”。

繁华喧嚣，这是沈从文的凤凰吗——那个仅安顿着三五千人口的，被广袤山地围拢的“边疆僻地的孤城”？

沱江为台，古城为幕，几束白色射灯亮起，唯美的翠翠竹排表演、壮阔的黄永玉百米画卷、浪漫的沈从文情诗水幕，一场“湘见·沱江”沉浸式艺术游船光影秀在沱江上开演。江中的一个小小竹筏上，一位红衣盛装的女郎，摆手欲舞。两岸的游客们互递消息：“那是翠翠！”翠翠，沈从文最负盛名的小说《边城》里的主角。

我们想起，2023年8月18日9时52分，从北京大兴机场起飞的JD5323次航班，平稳降落在湘西边城机场，湘西从此迈入航空时代。这座让湘西走向世界的机场，被誉为“湖南海拔最高、自然风景最美、民族特色最浓、设施最实用”的国内旅游支线机场。它的名字，也来自《边城》。

——这是文学与现实的切实牵绊。

这确是沈从文的凤凰，是他构建的湘西世界的一部分。他生于湘西，长于湘西，他与他笔下的事体，早已成为这片土地场域精神的一部分。

于是避开人潮，踏着青石板，去找沈从文故居。

小巷里安静，故居闭了门，几盏黄色路灯幽幽地照出故居高高的马头墙轮廓。1902年12月28日，沈从文（原名沈岳焕）出生在这里的一户军官之家。

童年时期的沈从文，少有忧愁。他时常逃课，和同伴们泅水、赶场、摘果子、比赛爬树，习读凤凰城内外由自然和人事写成的那本“大书”。近15岁时，沈从文走了“本地青年唯一

凤凰县沈从文故居。童迪 摄

的一条出路”，成为一名小兵，在沅水流域辗转。在这派清波边，沈从文接触五光十色的生活，了解不同形态的人生哀乐，感受到世道的动荡。

五四运动爆发将近三年的时候，厌倦于军旅中无意义杀伐的沈从文终于受到了五四余波的影响。他大概知道了，山外的山外另有一个同一日头照耀的世界，那里正有许多人燃烧着对理想新社会的冀望。

为了“寻找理想、读点书”，1922 年，沈从文决定离开湘西。沿着河流险滩，走出重重山峦，他从常德乘船，越过八百里洞庭湖，经武汉，到达郑州。因黄河涨水受阻，遂转徐州，经天津，

凤凰县文昌阁小学。童迪 摄

在离开保靖 19 天后，沈从文终于抵达北京。

离开故乡，沈从文却一直生活在对故乡的印象里。他重新认识了那个庄严、敦厚、有着至美牧歌情调的封闭地区。以此印象为基础，他构建了生命、自然与自由的“别一个国度”，那里生活着山湾溪水一样清澈的少女翠翠、三三，纯洁健美的少年傩送、龙朱……

他笔下的美，如今依然唤起人们的无限向往。

2023 年 1 月至 9 月，凤凰县累计接待游客 1555.94 万人次。他们大多为这“别一个国度”而来。

他们无需辗转流连，就能品赏这份曾经“养在深闺”的美。

苗族同胞身着苗族节日盛装在凤凰古城巡游。郭立亮 摄

他们沉浸在大型实景剧《边城》里，看民族歌舞融合声、光、水、电等特效还原展示的诗意《边城》。

他们陶醉在中国首创室内实景互动演艺、大型民俗篝火狂欢体验秀《凤凰样子》中，体验苗鼓、毛古斯、哭嫁等湘西非遗文化。

他们漫步在沈从文故居、熊希龄故居、东门城楼、杨家祠堂、万寿宫、古城博物馆……

文化——凤凰的底色，成就着这些响当当的“文旅 IP”。凤凰县文化旅游广电局负责人告诉我们，凤凰正在统筹进一步打造历史文化名城、名村，保护和利用文物遗迹、历史建筑街区、名人故居，继续传承凤凰文脉。

“喵……”沈从文故居旁，小猫跳上小店“边城邮差”的柜台。老板李大姐，来自湖北武汉，中学时就读沈从文的作品，在这里开店8年，和沈从文做“邻居”。

顾客拿下《边城》《湘行散记》，走向柜台付款。李大姐翻开扉页，为他留言。

“我明白你会来，所以我等。”沈从文在短篇小说《雨后》中亦如是说。

再续牧歌

阳光热烈，距凤凰城约20公里外，我们站在被誉为“南方长城”的边墙下，看成群的游客向高处爬去。

绵延于青山之上的边墙背后，是一段历代王朝对“蛮族”的征服往事。明朝万历年间，官府修筑“边墙”将苗族分为“生苗”“熟苗”，援剿“生苗”，同化“熟苗”。美学家朱光潜说，《边城》涌动着拥有苗族血统的沈从文的深层悲哀和痛苦。

苗疆边墙下的凤凰县山江镇，藏着一座目前全国规模最大、展品最多的民营苗族博物馆——“中国苗族博物馆”。

门额上挂着沈从文题的字；馆里，“普通农舍”“古代居所”“殷实人家”“武士之家”“服饰掠影”“绣女之家”等9个展馆、万余件文物，带领我们穿越时空，看苗族同胞在数千年岁月演递中绘就的绚丽多姿的苗画长卷。

83岁的老馆长龙文玉回忆，1981年，他还是吉首市民族中学的老师，他发表的论文《屈原族别初探》被沈从文读到了。第二年，龙文玉见到了回乡的沈从文。

“干脆搞个民族博物馆出来。”见面后，沈从文同他投入地聊了两个多小时的苗族文化。“回北京后，沈老给我写了一封9页的长信，指导博物馆要‘能看到一部苗族简史的轮廓，见到一个苗族社会的缩影，保留下一批苗族文化遗产，成为民族文化交流的窗口，为中华民族大家庭作贡献’。这份嘱托，我终于在2002年完成了。”龙文玉说。

看到一套精巧的银饰，陪同我们的本地苗族姑娘黄玉芳轻敲展柜：“我结婚时候戴的那套，就和这个差不多呢！”她不无遗憾地告诉我们，我们错过了就在不远的寨子里举办的苗族“赶秋节”。这是湘西苗族同胞欢庆丰收的节日。可以前的这里，一方山水养不活一方人。

凤凰穷，最穷腊尔山。即使到了10多年前，凤凰县的腊尔山片区贫困发生率仍接近50%，这里缺水、缺电。党的十八大以来，精准扶贫让生活有了变化。易地扶贫搬迁，成了当地政府和群众的共同选择。

我们抵达腊尔山片区禾库镇易地扶贫安置区，一座座楼房

凤凰县山江镇，绿树掩映中的中国苗族博物馆。童迪 摄

鳞次栉比，依偎在水岸旁，俨然一幅“千户苗寨”的盛景。

2018年，凤凰县在禾库镇建起756栋楼房，集中安置禾库镇及周边乡镇有搬迁意愿的建档立卡贫困户。安置点周边，还配套了学校、幼儿园、医院、农贸市场等。此后，900多户苗族贫困群众，陆续搬迁到这里，服装厂、酒厂、纺织厂、箱包厂、制鞋厂等也陆续进来了。

一家箱包厂的车间里，龙菊珍大姐正麻利地用缝纫机制作手袋。她家曾是建档立卡贫困户，住在偏远的科甲村，爱人身体不好，只有她一个劳动力。

龙大姐笑着说：“我们像是从乡里搬到了城里，新家外观美，住着舒服。现在，全家成功摘掉了穷帽子，腰包越来越鼓。”

不远处的凤凰县廖家桥镇菖蒲塘村里，秋正在成熟一切。猕猴桃园、柚子园里的果子下了枝，村民就在路边摆出果子，赤着脚、打着蒲扇拉家常，等络绎不绝的游客驻足挑选。

曾经的菖蒲塘村，缺地、少水，是附近有名的穷沟沟。2013年11月3日，习近平总书记来到菖蒲塘村考察，鼓励大家“依靠科技，开拓市场，做大做优水果产业，加快脱贫致富步伐”。

“当时总书记主动帮忙摘了两个柚子。我们要送柚子给总书记，总书记笑着说‘就拿一个’。”那天的事，村民王邦喜记得清楚。“要是现在总书记再来，就能尝尝菖蒲塘新种的红心蜜柚、橙柚，更甜、更水润，好剥皮。”他感叹。

2016 年，菖蒲塘村脱贫出列。如今，这个土家族、苗族杂居的山村，已成为远近闻名的“富裕村”。2022 年，全村人均可支配收入超过 3 万元。

苗寨光华

“由四川过湖南去，靠东有一条官路。这官路将近湘西边境到了一个地方名为‘茶峒’的小山城时，有一小溪，溪边有座白色小塔，塔下住了一户单独的人家。这人家只一个老人，一个女孩子，一只黄狗。”

茶峒，才是流出《边城》的“边城”。它位于湘西花垣县，与重庆市秀山县、贵州省松桃县隔河相望，紧紧相连。

1922 年，小兵沈从文随部队换防。途经茶峒时，悲哀的杜鹃声，给他留下了深刻印象。后来创作《边城》时，他便把故事放到了这里。《边城》让茶峒名声大噪。2005 年，当地政府将茶峒更名为边城。2012 年 3 月，武陵山脉腹地，德夯大峡谷之上，矮寨大桥飞架云端，贯通了湖南、重庆、贵州等省市的几大高速公路网，天堑变通途。曾经要走 30 多分钟的盘山公路，才能抵达峡谷的另一端，如今只需要 1 分钟。边城茶峒有了被看见、被打开的便捷通道。2021 年 6 月，边城茶峒文旅小镇开工建设。如今，边城已然不“边”。

清水江在喀斯特小山中蜿蜒，我们到边城时正值饭点，河边饭店里人声鼎沸，四面而来的游客们争先恐后地品尝着将湘、黔、渝三省市的风味复合于一锅的名菜“一锅煮三省”——腌菜豆腐鱼。

河边小山上，白塔经了风雨，长出一点青苔。小说《边城》里，白塔下住着主人公翠翠和她的爷爷，还有一只黄狗。翠翠爷爷在这里撑渡船撑了 50 年，凡有人来往河岸两边皆由他渡送。

河岸两边，包茂高速、319 国道上汽车飞驰，不远处的矮寨大桥、湘西边城机场让生活节奏加速，但居民和游客们依然

美丽边城——花垣茶峒。

花垣县边城镇，游客乘坐拉拉渡过河。童迪 摄

喜欢清水江上那慢悠悠的拉拉渡。

拉拉渡上，拉船的不是“爷爷”，是个嗓音洪亮的小伙子。几分钟时间，船横过了江，人就从湖南到了重庆境内。“重庆到了！”小伙子喊。“过于隆重了！”船上人哄笑。

行走边城，沈从文的书籍、小说人物雕塑、经典语句刻录，比比皆是。河中沙洲翠翠岛上，塑像上的翠翠还在等待，一卷厚厚的《边城》书本样的雕塑卧在岛上，等着人们去解读。

凝望着它们，我们想起，几十年来，诺贝尔文学奖获得者莫言、少数民族作家阿来、90 后福建作家陈春成……很多作家、学者、读者都如我们这般，追随着沈从文的文字行走。

沈从文成为两代湘西乡土作家心中的“大山”，涵养了当代湘西文学的源流，孙健忠、黄永玉、石太瑞、凌宇、蔡测海、田耳等优秀作家接连涌现。

这颗文学的种子也在湘西孩子们的心中生长。

花垣县十八洞村，距离边城不过 40 分钟车程。

村里的筑梦书屋里，每个周末 20 多个孩子来到这里写诗、朗诵。“我走在宽广的田野上 / 我走在细长的河边 / 你就是我的光华……”8 岁的石彦阳小朋友写着苗寨的光华时刻。

最近，孩子们最爱写的主题是旅游——有的孩子已在 15 公里外的边城机场体验了坐飞机。“今日妈妈带我去北京旅游，我有一点点小激动……”10 岁的龙鸿涛用稚嫩的字体，记录下这一难忘的时刻。北京，那是青年沈从文曾经历尽艰辛才留下足迹的远方。而如今小鸿涛飞越群山，150 分钟就能直达。

2013 年 11 月 3 日，习近平总书记来到十八洞村考察，首次提出“精准扶贫”重要理念。如今，这个村寨里，处处都是生机和希望。

香甜四溢的蜂场里，十八洞村竹子寨村民龙先兰和妻子吴满金对着蜂巢轻轻一割，金灿灿的蜂蜜源源不断地流出，两口子笑得合不拢嘴。曾经有名的“醉汉”“懒汉”龙先兰，已经成了养蜂产业带头人，带领村民用勤劳的双手酿造甜蜜生活。

小伙施康大学毕业后，放弃城市高薪的工作，和施林娇等几位 90 后小伙伴一起返乡创业，搭建了十八洞村第一个直播间，展示苗族特色风俗和苗寨风光，还帮助村民把十八洞特产卖到了五湖四海。现在，施康已成为十八洞村团支部书记，继续探索吸引青年返乡创业、做大做强集体经济、带动乡村发展的路子。

秋色愈加浓烈了，山间的柿子好似盏盏橘红的灯笼，金黄色的苞谷、红艳艳的辣椒挂满了一座座苗寨的屋檐，热烈的苗鼓声、银饰的叮当声与浪漫的笑声，在山间欢腾。

群山之间的山寨，以四通八达的道路相连，把住寨门的，不再是刀枪与狼烟，而是一碗碗清甜的糯米酒与直白热情的苗歌。

这里，还是湘西。它依旧有着沈从文所书写的“纯净之美”，有着人类善良、诚实、热情与爱的本性。

但，它已不是百余年前沈从文记忆里那个令人心痛的、美而“古怪”的地方。

如今的湘西，是“首倡之地展现首倡之为”的湘西，是享有“矮寨不矮、时代标高”美誉的湘西。它不再偏于一隅，而是与世界同跳动，与时代共呼吸。

【采访手记】

与沈从文的目光相触

◎廖慧文

采访一开始，我们就约定，此行尽可能效仿沈从文的行迹，多坐船。于是在浦市古镇登船，游沅江。这一片水面开阔，水流平缓，河中的绿洲里，藏着几朵白——是白鹭。

“绿洲照我乡下人解释，是河中生草的沙堆子。”想起沈从文写下的句子，不禁一笑。

沈从文常说，自己为乡下人身份而感动。他为中国文学树立了“乡下人”这一典型形象——“保守，顽固，爱土地，也不缺少机警，却不懂诡诈”。同时，“乡下人”却也是处境尴尬、生活辛劳的弱者。他们是童养媳三三，是彻底无产的水手柏子，是眼看着妻子做船妓的丈夫……他们只能全然接受自己的“苦”，把一切归因于命运的无常。

我们的船缓缓移动，两岸风物入眼。在水的哺育下，生命依然生生不息地绵延。水浅处摸螺蛳的人、岸边吆喝着渡船的人、提着晒匾的人；两岸的村落、橘林……相较沈从文的时代，这片天地已然换了人间，安全、平静、富足……更重要的是，如今的乡下人，是自己命运的掌舵者。一路行来，我们听太多人分享过自己对美好生活的向往与未来的打算。因为，未来朝他们开放。

凝望着沅江的清波，思索着人的“命运”，我仿佛感到，与沈从文的目光相触了。

他写一条河，是写河边生存的平凡人。在沈从文看来，恰恰是普通人的生存和命运，才构成“真的历史”。于是，他讲述乡土人伦秩序之“常”中蕴含的美，让人在战祸年代重拾对古老中国的信心。

沈从文离去已35载。但那束宽容、人性、浪漫、深邃的目光，仍在这条长河之上驻留，为后来者提供一种含情的视角，也在为人类的“爱”字作恰如其分的说明。

附录

回望“文学里的村庄”

◎杨又华

在天朗气清、稻菽飘香的迷人秋色里，我们花了将近一个月的时间，用 10 个连版、10 个主视频以及系列预热报道和后续报道，陪亲爱的读者、网友们走过了十个“文学里的村庄”。

在此之前，因为疫情，这一报道从最初的策划到最终实施，竟花了两年多的时间。而我们采访的行踪，横跨万里中国，从长江到黄河，从渤海之滨到太行山上，从黄土高坡到江南水乡，从湘西边城到秦岭古镇，从吕梁山到洞庭湖，从清溪到漫水……这一走，就从夏天走到了秋天。

这真是一段漫长的旅程！个中甘苦，难以尽言。

然而，当这段旅程结束，蓦然回首，发现时间依然是如此迫遽，行色依然是如此匆匆。其实世间行旅，大抵如此——每次放下行囊，回看过往，不都是短暂的吗？

不过虽然短暂，却在我们心里留下了悠长的回味。不知读者、网友诸君感觉如何，就我们而言，这确乎是一段辛苦而美妙的旅程。值得在此说说我们的诸多感触和心路历程。

（一）

“文学里的村庄”！回想策划创意之初，这个如电光石火“蹦”出来的词组曾令我们心中怦然。

这些年，我们的采访报道曾踏足湖南不少的乡村，我们看到，党的十八大以来，国家的脱贫攻坚战，使广大农村彻底告别了贫困，乡村面貌焕然一新，而正在实施的乡村振兴战略，又在催生乡村新的蝶变。如果把时间拉长到一百年，中国农村的沧桑巨变，堪称一幅跌宕起伏、波澜壮阔的画卷。

如何在新闻报道中将这一幅画卷作史诗性的呈现？我们想到了中国现当代乡土文学。

乡土中国，是最大的中国；百年巨变，乡村是最鲜活的现场。透过中国乡土文学，可以对百年乡土中国作一次深情的回望。那些优秀的、伟大的乡土文学作家们，用深切的体察、深邃的思考、细腻的笔触，通过一个个曲折婉转、扣人心弦的故事，描摹了百年乡土中国的历史变迁，讲述了一方方乡村土地上普通劳动者的酸甜苦辣、悲欢离合，他们的苦痛、挣扎、奋斗与希望……

参照中国乡土文学代表性作家笔下的“文学原乡”，对应它们今天发生的惊人变化，无疑是记录中国百年乡村巨变的最好范本。而这些文学原乡，对于读者来说，也是最引人注目的村庄。

我们感到，走进这些文学原乡，用心去观察、感受、聆听、记录、拍摄，是一件非常有趣和有意义的事情。

但有一件事让我们颇为踌躇。中国现当代乡土文学作家灿若星辰，该选哪些作家笔下的村庄呢？在做了一番比较扎实的“功课”后，我们确定了这样几条入选“原则”：1. 作家本人的名望，应是公认的大家或获“茅奖”“鲁奖”的作家，在中国文坛有着广泛的影响。2. 百年中每个年代最有代表性的作品。3. 作品与作家的故乡或文学原乡有紧密的联系。4. 故乡因为作家本人或作品发生了巨变。5. 同一省份，不宜过多。

最终，我们选定了鲁迅的“鲁镇”、沈从文的“边城”、莫言的高密“东北乡”、周立波的“清溪村”、李佩甫的林州红旗渠、路遥的“双水村”、马烽的“贾家庄”、贾平凹的“清风街”、韩少功的“汨罗八景”、王跃文的“漫水村”等十地作为我们的采访报道对象。

这样，我们只能很遗憾地“错过”了其他一批优秀的乡土文学作家——孙犁、赵树理、柳青、丁玲、莫应丰、陈忠实、阿来、迟子建、刘震云……

（二）

这个系列报道，从采访、写作、拍摄到剪辑、刊播、推广，我们始终抱着临深履薄的庄敬之心。千里辗转舟车劳顿、深夜青灯下的琢磨苦吟等等自不必多提，那是媒体人的本分与日常，熬人的是压在心头的那份沉重。

我们生怕辜负了这些我们尊敬心仪的作家。我们的报道，理应体现出对作家与其作品较准确与深入的理解，理应透露出作家的思想、情感与其文字的精妙，理应较清晰地呈现作家与故土的那份相互呼应、相互成就、“双向奔赴”的脉络和历程，理应较丰满地展示这些文学原乡的自然风光、风土人情与今昔巨变。

我们生怕辜负了尊敬的读者、网友们，在这个信息爆炸、人人对每天的海量信息目不暇接的时代，我们推出这样大篇幅、长时段的报道，劳烦大家耗费宝贵的时间，理应提供较丰实、丰富、丰厚的内容。好比我们架起大势子请客，不能只囫囵端出几瓶淡酒、几个薄菜了事。我们希望端出的是真正活色生香的大餐。

我们也生怕辜负了策划推出这组报道的初衷。我们的初衷是什么呢？正如前面所说，就是期望通过我们的行进式采访、沉浸式体验，通过这一个立体组合式融媒体系列报道，透过这10个代表性村庄的历史性变迁，特别是近十余年来的变化，构筑起一幅波澜壮阔、致敬时代的新“山乡巨变”图景。因此，我们的报道理当有较为宏阔的视野、结构和历史纵深，理当有尽可能丰富鲜活的场景、细节、人物。

当然，除此之外，我们也还有其他的期待。

（三）

我们的采访团队都是怀着一种文学朝圣者般的心情走进作家们的故乡的。

在鲁迅外婆家，听导游介绍少年鲁迅在家道中落时忍辱负重扛起家庭的重担，生活坎坷却心中贮满了对故土对国家博大深沉的爱恋；在路遥纪念馆和路遥文苑，观看路遥生平和他艰辛的文学路程；在贾家庄和红旗渠，听那一代人舍生忘死战天斗地的故事；在汨罗八景听乡亲们讲“韩爹”造福乡邻的过往；在漫水听王跃文讲述先辈们平凡而英勇的事迹……我们一次次心潮起伏，我们中的80后、90后记者更是一个个泪水盈眶。

我们知道，这些中国乡土文学的代表性作家的文字，浸润了一代代读者的心灵，他们笔下的文学原乡，构筑了千千万万读者共同的乡愁。

感谢这次报道，让我们重温经典。我们重拾了那种感觉：经典文学作品的阅读，是一件多么美好而幸福的事情啊！

在庸庸碌碌的风尘奔波里，在每天从早到晚显烁的手机屏幕里，在废寝忘食的碎片化阅读习惯里，我们中的许多人渐渐远离了那种感觉。日深月久，我们成了在泡沫化的信息大海里载沉载浮的“躯壳”——似乎忘了：生命需要一种“质感”，心灵需要一种自我观照，头脑需要一方自由的天空，精神需要一片宁静的栖园，生活真的需要一点“诗和远方”。

让我们感到欣慰的是，我们的报道唤起了许多人对文学的热爱。在全网到目前为止5亿多次的点击里，在无数热情洋溢的回帖里，我们听到了那种因文学而激动的青春的心跳。

是啊！优秀的作家们，用他们美妙的文字，构筑了一个多么广大丰茂的世界！我们应当走进这个自由的王国，去畅想、去神游。我们期望，通过“文学里的村庄”之旅，能够唤醒广大读者特别是青年读者的文学梦，让更多的人能够重温经典，走近文学，走近作家，走近那些有趣的、杰出的、伟大的灵魂。我们也期望，我们的报道能够吸引更多的人去往这些文学的原乡，去感受，去体验。

（四）

这是一个令我们心潮澎湃的夏秋。

三个月时间里，我们团队的一个个报道小组，横跨大半个中国，日夜兼程，奔赴在赶往“文学村庄”的路上。在村里，我们也是马不停蹄，夙兴夜寐。

热切的期待，喜出望外的惊奇，巨大而持久的感动，一直鼓荡在我们胸中。

伟大的脱贫攻坚战、乡村振兴战略，彻底改写了中国农民的命运和中国乡村的面貌，使每一个走进今日乡村的城里人都会感到欣喜和鼓舞。而这些“文学里的村庄”的时代巨变，尤其令我们感动。因为，文学经典对过去的书写，使得这些村庄的变化，有了一种特别的历史“景深”。仿佛交响曲《红旗颂》中那段如泣如诉、低回婉转的旋律——那是对民族深重苦难、先烈们奋斗牺牲的深情追溯。

“鲁镇”上空“灰白色的沉重的晚云”，《故乡》里让“我”觉得十分悲凉的“没有一些活气”的萧索，祥林嫂、闰土们悲苦的命运；《边城》平静岁月里那一缕隐忍的张皇、惆怅与哀伤；贾家庄盐碱地里的恓惶，干旱林州的困苦，清风街的落寞，“双水村”孙少安、孙少平们的苦难，以及他们的奋斗与热望……这些，都是让万千读者难以释怀的牵念。

而今天，出现在我们面前的是苦难早已远离、在新的时代焕然一新的现代化村庄：山清水秀的优美环境，村民平静、富足、红火的生活，一处处充满创意的文旅景点以及热火朝天的项目建设……映衬着长长的历史景深，愈加显得熠熠生辉，更让人对这些村庄更美好的未来生出无限的遐想。

在这些村庄，我们也切身感受到了文学的力量。也许在一定的时间里，作家们非凡的文字，只是埋在一方土地下的潜流，而新时代的浩荡东风，使得这潜藏的文学力量迸发出了轰然的时代回响。

作家们用他们的文学经典点亮了自己的家乡——他们的名字、创作经历和故事，以及他们的作品，成了当地最大最亮的文旅IP——

绍兴游，因鲁迅和他的文学作品而有了浓郁的令人回味无穷的“文学的味道”；湘西那方美丽的山水，因为沈从文和他的《边城》，而流淌着特别的诗意；诺奖作家莫言，催生出高密“东北乡”以及高密城乡品类丰富的红红火火的红高粱产业；贾平凹一部《秦腔》，“唱”活了一个沉寂的小镇——棣花古镇，成了4A级景区；路遥《平凡的世界》，使延川、清涧两个不同地市的两处村庄，成为文学爱好者“朝圣”的殿堂；凭一部电影和一支配曲《人说山西好风光》，马烽和他的贾家庄成为今日一方文学艺术的重镇；李佩甫的一部电视连续剧，吸引着无数的人们赶赴太行山下，去瞻仰那个民族精神的高地；周立波的美丽文字，浸润着他故乡的土地，使之成了今日游人争相前往的“山乡巨变第一村”和“当代文学之乡”；韩少功一部散文名著和他的躬身实践，使汨罗群山深处的穷乡僻壤成了现代化的世外桃源；王跃文的一部中篇小说、一部长篇小说，为他故乡的村庄平添历史的厚重和盎然的文气。

我们期望着，我们的这组报道能够给更多的村庄以启示：在新时代的乡村振兴中，如何借助文学和文化的力量，以文兴旅，以文兴村。

走出了著名作家的村庄是有幸的，没有出产作家的村庄也无需“望邻兴叹”。乡土中国五千年历史，给每寸土地都流衍下了绵长的文脉，善于和巧于挖掘，都可以找到文化的宝藏。我们相信，在习近平文化思想指引下，新时代的中国乡村一定会有越来越多的文化的创意、越来越浓的文化的味道。

（五）

“望得见山，看得到水，记得住乡愁。”

“乡愁”，是中华文明的密码，是中国人心中隐秘的精神图腾。中国飞速发展的城市化进程，极大地改变了城乡人口结构。但不管怎么变化，我们精神的根还扎在土地深处。且不论从实际方面看，没有农村的现代化就没有整个中国的现代化；单就精神层面而言，全体中国人都离不开乡村，离不开那缕乡愁。

记录和书写今天时代的乡愁，依然是文学的使命。

行走在“文学里的村庄”，我们常常在沉思一个问题：今天，已基本步入现代化的农村，那里的乡愁，其内涵和形式有了怎样的流变？我们的文学该怎样书写乡村，书写乡愁？

中国乡土文学的经典之作，大多产生于传统农耕时代，或者，主要以传统农耕生活为小说故事主要发生场域。他们的作者，无一例外都是从乡土走出的作家，与故土有着深切的血肉联系——因此才说，故乡是作家的心灵出发地，是作家的文学出发地。今天，乡村的生产方式变了、生活形态变了，新一代作家的人生轨迹也变了。那么，对于新时代的乡土文学我们该有怎样的寄望？作家该以怎样的姿态进入乡村，书写乡愁？还会出现描写现代乡村的文学经典吗？

优秀的文学作品一定有对时代大势的深刻洞见，对人物命运的深切关怀，以及直面生活矛盾冲突、人物内心矛盾冲突的勇气。今天的村庄，最热切的呼唤是什么？是人的回归、人才的回归、“热闹”生活的回归，是文化的兴盛和传统乡村生活的复兴。曾经有一段时间，城市化工业化的大潮把许许多多的村庄冲刷得人走地空，像裸露的河床。而在这些“文学里的村庄”，我们看到了乡土文化复兴的蓬勃之势，看到了伴随现代化物质文明而来的乡村文化繁荣的崭新气象和希望。

2023 年是鲁迅《呐喊》出版百年，中国现当代乡土文学也正好走过百年历史。在新的百年，“文学里的村庄”该怎样书写续篇，就像我们采访的那些作家和作品一样，给人以温暖、启迪、信心和力量，给轰轰烈烈的乡村振兴以澎湃的助力？

（原载《湖南日报》2023 年 11 月 10 日第 11 版，内容有删减）

访文学原乡，写时代巨变

◎曹辉　曹琼文

穿越万里中国，描绘十地乡愁。纵贯百年文学，见证时代巨变。2023年10月23日，湖南日报推出“文学里的村庄”大型融媒体系列报道，以经典乡土文学为切入点，通过“文字＋图片＋视频”的形式，向大众展现10位文学名家故乡的过去、现在和未来，生动鲜活地呈现了曾经文学里的村庄故事与新时代村庄真实生活的对比。本系列专题报道一经推出便引发读者关注，经各平台传播后火爆出圈，全网阅读量超10亿，被誉为“现象级产品”。

聚焦乡村紧扣时代脉搏

挖掘乡土文化，以“山乡巨变”致敬乡村振兴。党的十八大以来，我国持续打好脱贫攻坚战，乡村面貌焕然一新，农业农村现代化迈上新台阶。“文学里的村庄”通过呈现10个代表性村庄的历史性变迁，挖掘乡土文化，向读者展现了乡土文化传承与乡村振兴的伟大实践。《“边城”山水 百年诗情》讲述了沈从文笔下的湘西，这篇文章于2023年11月3日“精准扶贫”重要理念提出10周年之际刊发，不仅对这组报道进行了完美收官，更体现了湘西十年筚路蓝缕，“首倡之地展现首倡之为，与世界同跳动，与时代共呼吸”的精神。

立足百年经典乡土文学，为读者带来“诗和远方”。中国经典乡土文学浸润了一代代读者的心灵，作家的文字构筑了无数读者共同的乡愁。在精准设置“以乡土文学展现山乡巨变”主题的基础上，湖南日报精心挑选出10位在中国文坛有着广泛影响的文学大家，带领读者走进文学原乡，走近文学，走近作家，重温经典，以期让人们在碎片化阅读时代，重拾内心的宁静和安逸，从而唤起人们对文学、文字的热爱，给社会和心灵带来“诗和远方”。“文学里的村庄”把“文学”与“村庄”联结在一起，把“诗”与“远方”联结在一起，读者看到了鲁迅笔下的鲁镇、沈从文书中的边城、莫言无限热爱的高密东北乡、路遥记忆里的双水村……在快节奏的当下，这样的报道让人们愿意慢下来温习、聆听、感悟、关切乡土文学和村庄的流变，从繁杂的现实生活中短暂抽离，获得心灵的宁静和精神的慰藉。

助推新时代乡村振兴，为“以文兴村”提供借鉴启迪。乡村振兴离不开文化振兴，文化振兴是乡村振兴的灵魂，是推进乡村全面振兴的精神动力。“文学里的村庄”坚持以文塑旅、以旅彰文，聚焦作家和文学IP的力量为乡村带来的转变，我们看到诺贝尔文学奖获得者莫言催生出红红火火的红高粱产业、因为鲁迅的“社戏”

而吸引万千游客的影画剧《鲁镇社戏》、周立波以家乡为原型创作小说《山乡巨变》带来清溪村真正的“山乡巨变”……今天的中国乡村，正处在前所未有的伟大变革时代，“文学里的村庄”以文化赋能乡村振兴，揭示乡村发展的无限可能和广阔前景，为其他乡村提供了“如何借助文学和文化力量实现振兴”的参考，推动更多的乡村走上以文兴旅、以文兴村的可持续发展之路，发挥新时代乡土文学的光辉，为我国乡村可持续发展战略注入了强有力的文化精神力量。

内容呈现深耕“文学原乡”

“文学里的村庄”系列报道将高屋建瓴的宏大叙事与见人见物的故事细节结合起来，通过行进式采访，讲述乡村的今昔对比，立体刻画乡村发展中的关键人物形象，剖析文学于乡村振兴的推动作用，并采用立体组合式融媒呈现，给读者带来沉浸式体验。

拓展报道历史纵深，关注文学背后鲜活人物。湖南日报记者深入民间、走向田野，把笔触伸进一方“土地”，脚力、眼力、脑力、笔力融会贯通，对乡土文学和村庄变迁进行深度挖掘和传播。他们选定鲁迅的“鲁镇”、沈从文的“边城”、莫言的高密“东北乡”、周立波的“清溪村”、李佩甫的林州“红旗渠”、路遥的“双水村”、马烽的“贾家庄”、贾平凹的“清风街”、韩少功的“八景村”、王跃文的“漫水村”十地，对作家背景、文学故事和村庄变迁进行深度描述。系列报道处理好了宏大叙事与深度叙事的关系，平衡了物化叙事与人本叙事的关系，强调以“人”作为报道核心，关注故事背后一个个鲜活的人，通过典型人物的视角、典型的百姓故事，聚焦人民群众生活方式的改变和生活品质的提升，深度凸显与乡村振兴相关的个体及群体命运。第三篇《文韵悠悠，清溪奔涌》中的“立波清溪书屋”的老板卜雪斌夫妇、第五篇《追寻平凡里的那束光》中新时代的“孙少安”——村支书郝岗、第十篇《“边城”山水 百年诗情》中搭建了十八洞村第一个直播间的返乡创业青年施康……对一位位村民拼搏劳动的致富故事的讲述，用丰富鲜活的场景、细节、人物展现出乡村振兴的无限可能。

聚焦村庄今昔对比，见证“山乡”历史发展之路。乡村滋养作家，作家书写乡村，乡村激活文学，文学反哺乡村，形成了文化振兴推动乡村振兴的完美闭环。“文学里的村庄”对10位作家的选取标准中，有这样关键的一条：故乡因为作家本人或作品发生了巨变。正是由于作家对乡村过去的书写，使得文学经典和作家本人成为响亮的文旅IP，助推村庄在新时代焕然一新。飘浮着“灰白色的沉重的晚云”，没有一些活气的鲁镇，而今充满创意的文旅景点和热火朝天的项目建设欣欣向荣，萧索悲凉不再，“游人纷至是寻常”；“雨天见涝，晴天结壳，一片白茫茫，不长粮食长稀草”的贾家庄，通过23年的改水治碱，村民现今生活富足，日子过得红火，“地肥水美五谷香”……充满苦难和悲怆的愁苦消失不见了，贾家庄在新时代成为富裕的现代化村庄。“文学里的村庄”系列报道把乡村打造成一面反映中国百余年时代变迁的镜子，不仅是文学作品的价值回溯，还将作者自身与乡村、社会、国家紧密联结在了一起，带读者见证乡村历史发展之路。

一方乡土是作家文学创作的不竭源泉和沃土，而乡土文学也为乡村振兴提供了生生不息的文化滋养。如果说“文学里的村庄”大型融媒体报道立体呈现了乡土文学的璀璨光辉和乡村发展的历史巨变，书写了“文化引领乡村振兴”新的篇章，那么这次系列报道中的每一期文章、每一张海报、每一条视频、每一篇评论，都是从不同角度折射习近平文化思想的一抹“剪影”。在现当代乡土文学走过百年之际，“文学里的乡村”系列报道的适时推出，既是湖南日报社对中国百年乡土文学的一次创新报道，又是文艺工作者挖掘和展现乡土文化的魅力、推动乡村的繁荣和发展的一次前瞻性尝试，更是主流媒体对国家脱贫攻坚、推进乡村振兴的一次有力宣传和支持。

（原载人民日报社《新闻战线》2024 年第二期，内容有删减）

一次现代新媒体的叙事创新

◎卓今

如何表现新时代山乡巨变？“文学里的村庄”创作团队创造了一个全新的新闻叙事手法。

在新时代新农村建设、乡村振兴的前提下，中国的无数个村庄发生了什么样的变化？大型融媒体报道“文学里的村庄”，选取了10个典型村庄，这些典型都是中国现当代著名作家的故乡或者他们笔下的村庄，栏目组抓住了村庄的旧貌新颜等关键要素，巧妙地叙述了村庄百年来的变化。

这一系列作品在创作手法上融合了散文与通讯的叙事风格，对现代新媒体在“体裁上”进行了新探索，从呈现出来的效果来看，这种探索获得了巨大的成功。特别值得一提的是它的主题，这个系列作品从宏观和微观角度展开了一幅广阔的时代画卷，真实地记录了十个典型村庄的“山乡巨变”，展现了新时代农民的饱满的精神状态，他们勤劳、富足、幸福快乐。

数十人的创作团队进行了一次将“文章写在大地上”的大胆

创作。创作团队走过了大半个中国，穿行于“文学的虚构”与“发展的现实”之间，流连于细读文本与实地调研之中。从100年前的村庄到现在的村庄，在时间缝隙之中往复回环，在大广度空间和大纵深时间里驰骋。

从2023年10月23日到11月3日，除了双休日，连续10期，每天都有两大版的“文学里的村庄”见报，纸质版，电子版，数字媒体，图文、影像全方位推出。时空变幻，山乡巨变。新时代的新农村书写，需要这种新的审美眼光、新的实践模式。读者跟随记者的脚步跨越高山大川，走过丘陵平原，不断地刷新对现代村庄的认知。

鲁迅的乡土小说大都以鲁镇、未庄为故事的发生地，现代读者通过读鲁迅的小说了解20世纪二三十年代的浙江农村。他在《社戏》中写到外祖母家的平桥村“百分之九十九”不识字，现在的平桥村即绍兴市越城区孙端街道的安桥头村已成为知名旅游景点，村子里“散发着浓浓的文学与艺术味道”，“村集体收入达120万元”。

周立波的《山乡巨变》中的益阳清溪村，是20世纪50年代末从互助组到初级社这一艰难的改革历程的典型。小说中的种田能手菊咬筋、陈先晋死死地守着几亩田地不愿入社，担心懒汉们不会作田糟蹋土地，如今的清溪村经过土地流转后探索集约经济模式，农民变成了坐在空调房里用人工智能种田的“懒汉”。清溪村已成为社会主义新农村建设、乡村振兴的成功范例。

“文学里的村庄”创作团队细读文本，实地考察，用数据说话，对每一位作家的村庄的过去和现在进行了对比。莫言《红高粱》系列作品中的山东高密东北乡脱胎换骨，李佩甫《难忘岁月——红旗渠的故事》中的红旗渠旧貌换新颜，路遥《平凡的世界》中的“双水村”错落有致的窑洞群发生了惊人变化，马烽《我们村里的年轻人》中的贾家庄“腾飞”了，贾平凹《秦腔》中的“清风街”古镇新风，韩少功《山南水北》中的八景洞别有洞天，王跃文《漫水》中的“漫水村”一片崭新的红瓦白墙。涉及面积最广的是沈从文笔下的故乡，记者走访了凤凰古城、山江镇、腊尔山、茶峒的边城，精准扶贫首倡地十八洞村离“边城”只有40分钟车程，“村里的筑梦书屋里，每个周末20多个孩子来到这里写诗、朗诵”。

文学与村庄的故事还在继续。

（原载《湖南日报》2023年11月17日第18版，内容有删减）

蓝天白云下的花垣县双龙镇十八洞村。童迪 摄

图书在版编目（CIP）数据

文学里的村庄 / 湖南日报社编著. -- 长沙 : 湖南电子音像出版社, 2024. 8（2024. 9重印）. -- ISBN 978-7-83004-538-8

I. I25

中国国家版本馆CIP数据核字第2024M5T144号

文学里的村庄 *WENXUELI DE CUNZHUANG*

编 著 者：湖南日报社　　视频制作：湖南日报社

出 版 人：黄永华
出版统筹：曾　散
责任编辑：傅　蓉　曾　散　朱　懿
技术编辑：王　枢
责任校对：刘德华
装帧设计：杨发凯

出　　版：湖南电子音像出版社
网　　址：www.kuaidianting.com
地　　址：长沙市营盘东路3号
邮　　编：410005
经　　销：湖南省新华书店
印　　刷：湖南印美彩印有限公司
开　　本：787mm × 1092mm　1/16
印　　张：15.5
字　　数：148千字
版　　次：2024年8月第1版
印　　次：2024年9月第2次印刷
书　　号：ISBN 978-7-83004-538-8
定　　价：58.00元